शिक्षा का अधिकार

(RTE Act)

RTE
शिक्षा का अधिकार अधिनियम

शिक्षा का अधिकार

(RTE Act)

ममता महरोत्रा

महेश शर्मा

भूमिका

अंजनी कुमार सिंह

प्र

प्रभात
प्रकाशन

प्रकाशक
प्रभात प्रकाशन प्रा. लि.
4/19 आसफ अली रोड, नई दिल्ली–110002
फोन : 011–23289777 • हेल्पलाइन नं. : 7827007777
इ–मेल : prabhatbooks@gmail.com ❖ वेब ठिकाना : www.prabhatbooks.com

संस्करण
2026

पेपरबैक मूल्य
तीन सौ रुपए

मुद्रक
जयलक्ष्मी प्रिंटिंग प्रेस, दिल्ली

★

SHIKSHA KA ADHIKAR (Right To Education Act)
by Smt. Mamta Mahrotra & Shri Mahesh Sharma

Published by **PRABHAT PRAKASHAN PVT. LTD.**
4/19 Asaf Ali Road, New Delhi-110002

ISBN 978-93-5048-139-4

₹ 300.00 (PB)

भूमिका

शिक्षा किसी भी सभ्य समाज की एक प्रमुख आवश्यकता है। बल्कि कहना चाहिए कि शिक्षा ही समाज को सभ्य बनाती है। शिक्षा से ही राष्ट्र की, समाज की और व्यक्ति की उन्नति संभव है। इसलिए दुनिया के अनेक देशों में शिक्षा को मौलिक अधिकार के रूप में मान्यता प्रदान की गई है। दरअसल, होना तो यह चाहिए कि शिक्षा के अधिकार के साथ-साथ शिक्षा में बराबरी की बात भी की जाए। एक जैसी शिक्षा ही समतामूलक समाज का मजबूत आधार हो सकती है।

जहाँ तक शिक्षा की बात है, शिक्षा इनसान की सोच को ही बदल देती है। जीवन तो कुदरत से मिल जाता है, पर जीवन जीने का सलीका शिक्षा देती है। यह हमारा दुर्भाग्य रहा है कि आज तक शिक्षा सबके लिए समान स्तर पर उपलब्ध नहीं हो पाई। इसका जनहित में व्यापक उपयोग नहीं हो पाया। विशेषाधिकार के तौर पर दुरुपयोग ज्यादा किया गया। ऐसे में शिक्षा का बुनियादी अधिकार हमारी विकासयात्रा में एक मील का पत्थर साबित हो सकता है।

भारत में अब 'शिक्षा का अधिकार अधिनियम' संसद् में पारित होकर कानून का रूप ले चुका है। इसके अंतर्गत छह से चौदह की आयु के बच्चों को नि:शुल्क शिक्षा प्रदान करने की व्यवस्था की गई है। इस अधिनियम में बच्चों की शिक्षा के प्रति अध्यापकों, स्कूलों और सरकार—सभी के कर्तव्य निश्चित कर दिए गए हैं। अब नि:शुल्क शिक्षा प्राप्त करना सभी बच्चों का अधिकार है।

सरल शब्दों में इसका अर्थ यह है कि सरकार छह से चौदह वर्ष तक की आयु के सभी बच्चों की नि:शुल्क पढ़ाई के लिए जिम्मेदार होगी। इस प्रकार इस कानून ने देश के बच्चों को मजबूत, साक्षर और अधिकार-संपन्न बनाने का मार्ग प्रशस्त कर दिया है।

शिक्षा का अधिकार अधिनियम में सभी बच्चों के लिए गुणवत्तापूर्ण और अनिवार्य शिक्षा प्रदान करने का प्रावधान है; जिससे ज्ञान, कौशल और मूल्यों से संपन्न करके उन्हें भारत का प्रबुद्ध नागरिक बनाया जा सके।

शिक्षा का अधिकार अधिनियम एक बड़ी जिम्मेदारी भी है, जिसे समाज के

सभी वर्गों को मिलकर वहन करना है। किसी भी अधिनियम या कानून की सफलता संबंधित देशवासियों की सामूहिक जिम्मेदारी होती है, जिसकी शुरुआत घर से होती है। सरकार की यह भी अपेक्षा है कि प्रत्येक परिवार अपने छह साल से चौदह साल तक के बच्चों को शिक्षण हेतु विद्यालय भेजे और इस अधिनियम को सफल बनाकर राष्ट्र–विकास का मार्ग प्रशस्त करे।

लेखकद्वय ने पुस्तक में 'शिक्षा का अधिकार अधिनियम' के बारे में विस्तार से पूरी जानकारी प्रस्तुत की है। साथ ही इस अधिनियम से जुड़े अनेक सवालों के समझाकर दिए गए हैं। इस दृष्टि से यह पुस्तक न केवल आमजन के लिए, बल्कि जिज्ञासु पाठकों के लिए भी उपयोगी सिद्ध होगी, ऐसा मेरा दृढ़ विश्वास है।

लेखकों को शुभकामनाएँ।

—अंजनी कुमार सिंह

लेखकीय

बच्चों के लिए मुफ्त एवं अनिवार्य शिक्षा का अधिकार अधिनियम (आर. टी.ई. एक्ट) 1 अप्रैल 2010 से देश में पूर्ण रूप से लागू हो गया है। इस अधिनियम के अंतर्गत छह से लेकर चौदह वर्ष के सभी बच्चों के लिए शिक्षा को पूर्णतः मुफ्त एवं अनिवार्य कर दिया गया है। अब यह केंद्र तथा राज्यों के लिए कानूनी बाध्यता है कि मुफ्त एवं अनिवार्य शिक्षा सभी को सुलभ हो सके। सरल शब्दों में इसका अर्थ यह हुआ कि सरकार प्रत्येक बच्चे की आठवीं कक्षा तक की निःशुल्क पढ़ाई के लिए जिम्मेदार होगी, चाहे वह बालक हो अथवा बालिका अथवा किसी भी वर्ग का हो। इस प्रकार इस कानून ने देश के बच्चों को मजबूत, साक्षर और अधिकारसंपन्न बनाने का मार्ग तैयार कर दिया है।

इस प्रकार, सूचना के अधिकार के बाद शिक्षा का अधिकार भी हमारे बुनियादी हकों में शामिल हो गया। इन्हें हमारे सामाजिक जीवन की एक नई सकारात्मक शुरुआत भी माना जा सकता है। ऊपरी तौर पर यह मामूली से निर्णय लगते हैं लेकिन सूचना के अधिकार की ही मिसाल लें तो यह एक ऐसा शक्तिशाली हथियार साबित हो सकता है जिसके बल पर सत्ता के लौह द्वार को खोलना भले ही संभव न हो, पर उसे जालीदार तो बनाया ही जा सकता है।

जहाँ तक शिक्षा की बात है, शिक्षा इनसान की कैमिस्ट्री की बदल देती है। जीवन तो कुदरत से मिल जाता है पर जीवन जीने का सलीका शिक्षा देती है। यह हमारा दुर्भाग्य रहा है कि आज तक शिक्षा सबके लिए समान स्तर पर उपलब्ध नहीं रही। इसका व्यापक जनहित में उपयोग नहीं हो पाया। विशेषाधिकार के तौर पर दुरुपयोग ज्यादा किया गया। ऐसे में शिक्षा का यह बुनियादी अधिकार हमारी विकासयात्रा में एक मील का पत्थर साबित हो सकता है।

दरअसल होना तो यह चाहिए कि शिक्षा के अधिकार के साथ-साथ शिक्षा में बराबरी की बात की जाए। एक जैसी शिक्षा ही समतामूलक समाज की

नींव रख सकती है। आज भी एक तरफ टाट-पट्टी पर और पेड़ के नीचे चलती वर्नाकुलर (देसी भाषाओं के लिए औवनिवेशिक गाली) यानी देसी भाषाओं की पाठशालाएँ हैं जो बच्चों के साथ खिलवाड़ के सिवा शायद ही कुछ करती हों। दूसरी तरफ विदेशी बोर्डों के पाँच सितारा स्कूल हैं जो विदेश जाने के एक्सक्लूसिव हाई-वे का काम करनेवाले हैं। शिक्षा के सांस्कृतिक पहलू पर नजर डालें तो भारतीय शिक्षा का लॉर्ड मैकाले का प्रयोग पूरी तरह से सफल रहा है। उसकी शिक्षा व्यवस्था ने हमारे भीतर की भारतीयता का अंग्रेजीकरण कर दिया है। शिक्षा का अधिकार अधिनियम इसमें कितना सेंध लगा पाता है, यह अभी भविष्य के गर्भ में छिपा है।

शिक्षा का अधिकार अधिनियम में सभी बच्चों के लिए गुणवत्तापूर्ण और अनिवार्य शिक्षा प्रदान करने का प्रावधान है; जिससे ज्ञान, कौशल और मूल्यों से लैस करके उन्हें भारत का प्रबुद्ध नागरिक बनाया जा सके।

प्रस्तुत पुस्तक में शिक्षा का अधिकार अधिनियम के बारे में व्यापक जानकारी दी गई है। पुस्तक में इस अधिनियम से जुड़े अनेक सवालों के जवाब दिए गए हैं और इस अधिनियम की पूरी जानकारी सरल शब्दों में दी गई है। इस दृष्टि से यह पुस्तक न केवल आमजन के लिए, बल्कि जिज्ञासु पाठकों, शिक्षकों, विद्यालय-प्रबंधकों, लेखकों, पत्रकारों, संपादकों आदि के लिए भी उपयोगी सिद्ध होगी, ऐसा हमारा दृढ़ विश्वास है।

अंत में उन ज्ञात-अज्ञात सभी स्रोतों का आभार, जिनसे इस पुस्तक के लिए सामग्री जुटाई गई है। इस पुस्तक का मूल उद्देश्य लाभ कमाना नहीं, बल्कि 'शिक्षा का अधिकार अधिनियम' की जानकारी को सरल शब्दों में पाठकों तक पहुँचाना है। आशा है, यह पुस्तक पाठकों की अपेक्षाओं पर खरी उतरेगी।

इसी आशा के साथ।

—ममता महरोत्रा

—महेश शर्मा

विषय-सूची

1. शिक्षा: सभ्य समाज की आवश्यकता 11
2. अधिनियम की मुख्य विशेषताएँ 25
3. जिम्मेदारियाँ 29
4. शिक्षा की प्रक्रिया और सामग्री 41
5. कार्यान्वयन की निगरानी 50
6. राष्ट्रीय बाल अधिकार संरक्षण आयोग 57
7. बाल अधिकार 63
8. बाल सुरक्षा की हकीकत 72
9. बाल सुरक्षा एवं कानून 77
10. बच्चों के अधिकार : महत्त्वपूर्ण अनुच्छेद 80
11. स्कूल के लिए मानक मानदंड 85
12. सर्वशिक्षा अभियान 90
13. प्राथमिक शिक्षा और महिला साक्षरता 101
14. उच्चतर शिक्षा 112
15. वर्तमान परिप्रेक्ष्य में शिक्षा 130
16. मलिन बस्ती में शिक्षा 133
17. राह के रोड़े : केस स्टडी मध्य प्रदेश 138
18. उपयोगी सवाल-जवाब 143
19. निष्कर्ष 148

साभार 160

1

शिक्षा : सभ्य समाज की आवश्यकता

वास्तविक शिक्षा हमारे भीतर से सर्वश्रेष्ठ तत्त्व निकाल पाने में ही निहित है। आखिर मानवता की पुस्तक से बेहतर शिक्षा की किताब और क्या हो सकती है।

—मोहनदास करमचंद गांधी

शिक्षा किसी भी सभ्य समाज की मूलभूत आवश्यकता है। दूसरे शब्दों में हम कह सकते हैं कि शिक्षा से समाज को सभ्य बनाया जा सकता है। शिक्षा समाज के विकास, आर्थिक उन्नति और सार्वभौमिक सम्मान के लिए एक आवश्यक घटक है। हर नागरिक का यह मौलिक अधिकार होना चाहिए कि उसे जीने के अधिकार के रूप में शिक्षा का अधिकार भी हासिल हो।

यूनेस्को की शिक्षा के लिए वैश्विक मॉनिटरिंग रिपोर्ट 2010 के अनुसार, लगभग 135 देशों ने अपने संविधान में शिक्षा को अनिवार्य कर दिया है तथा मुफ्त एवं भेदभाव-रहित शिक्षा सबको देने का प्रावधान किया है। भारत ने सन् 1950 में 14 वर्ष तक के बच्चों को मुफ्त तथा अनिवार्य शिक्षा देने के लिए संविधान में प्रतिबद्धता का प्रावधान किया था। इसे अनुच्छेद 45 के तहत राज्य के नीति-निर्देशक सिद्धांतों में शामिल किया गया है।

12 दिसंबर, 2002 को संविधान में 86वाँ संशोधन किया गया और इसको संशोधित करके शिक्षा को मौलिक अधिकार बना दिया गया है।

बच्चों के लिए मुफ्त एवं अनिवार्य शिक्षा का अधिकार अधिनियम 1 अप्रैल, 2010 को पूर्ण रूप से लागू हुआ। इस अधिनियम के अंतर्गत 6 से लेकर 14 वर्ष के सभी बच्चों के लिए शिक्षा को पूर्णतः मुफ्त एवं अनिवार्य कर दिया गया है। अब यह केंद्र तथा राज्यों के लिए कानूनी बाध्यता है कि मुफ्त एवं

अनिवार्य शिक्षा सभी को सुलभ हो सके। सरल शब्दों में इसका अर्थ यह हुआ कि सरकार प्रत्येक बच्चे की आठवीं कक्षा तक की निःशुल्क पढ़ाई के लिए जिम्मेदार होगी, चाहे वह बालक हो या बालिका अथवा किसी भी वर्ग का हो। इस प्रकार इस कानून ने देश के बच्चों को मजबूत, साक्षर और अधिकारसंपन्न बनाने का मार्ग तैयार कर दिया है।

किसको लाभ मिलेगा?

शिक्षा का अधिकार अधिनियम (राइट टू एजुकेशन एक्ट–आर.टी.ई.) माध्यमिक एवं उच्चतर माध्यमिक शिक्षा तथा बच्चों तक शिक्षा पहुँचाने के लिए एक महत्त्वपूर्ण कदम है। इस अधिनियम का सर्वाधिक लाभ श्रमिकों के बच्चों, बाल मजदूरों, प्रवासी बच्चों, विशेष आवश्यकतावाले बच्चों या फिर ऐसे बच्चों को–जो सामाजिक, सांस्कृतिक, आर्थिक, भौगोलिक, भाषाई अथवा लिंग कारकों की वजह से वंचित बच्चों में शामिल हैं–मिलेगा। इस अधिनियम के कार्यान्वयन के साथ ही यह उम्मीद भी है कि इससे विद्यालय छोड़ने तथा विद्यालय न जानेवाले बच्चों को अच्छी गुणवत्ता की शिक्षा प्रशिक्षित शिक्षकों के माध्यम से दी जा सकेगी।

अनिवार्य शिक्षा का प्रावधान

इस अधिनियम में सभी बच्चों के लिए गुणवत्तापूर्ण और अनिवार्य शिक्षा प्रदान करने का प्रावधान है, जिससे ज्ञान, कौशल और मूल्यों से लैस करके उन्हें भारत का प्रबुद्ध नागरिक बनाया जा सके। यदि विचार किया जाए तो आज देश भर में स्कूलों से वंचित लगभग 1 करोड़ बच्चों को शिक्षा प्रदान करना सचमुच हमारे लिए एक दुष्कर कार्य है। इसलिए इस लक्ष्य को साकार करने के लिए सभी हितधारकों–माता-पिता, शिक्षकों, स्कूलों, गैर-सरकारी संगठनों और कुल मिलाकर समाज, राज्य सरकारों एवं केंद्र सरकार की ओर से एकजुट प्रयास का आह्वान किया गया है।

इस अधिनियम में इस बात का प्रावधान किया गया है कि पहुँच के भीतर वाला कोई निकटवर्ती स्कूल किसी भी बच्चे को प्रवेश देने से इनकार नहीं करेगा। इसमें यह भी प्रावधान शामिल है कि प्रत्येक 30 छात्र के लिए एक शिक्षक के अनुपात को कायम रखते हुए पर्याप्त संख्या में सुयोग्य शिक्षक स्कूलों में मौजूद होने चाहिए। स्कूलों को पाँच वर्षों के भीतर अपने सभी शिक्षकों को

प्रशिक्षित करना होगा। उन्हें तीन वर्षों के भीतर समुचित सुविधाएँ भी सुनिश्चित करनी होंगी, जिसमें खेल का मैदान, पुस्तकालय, पर्याप्त संख्या में अध्ययन कक्ष, शौचालय, शारीरिक विकलांग बच्चों के लिए निर्बाध पहुँच तथा पेयजल सुविधाएँ शामिल हैं। स्कूल प्रबंधन समितियों के 75 प्रतिशत सदस्य छात्रों की कार्यप्रणाली और अनुदानों के इस्तेमाल की देखरेख करेंगे। स्कूल प्रबंधन समितियों अथवा स्थानीय अधिकारी स्कूल से वंचित बच्चों की पहचान करेंगे और उन्हें समुचित प्रशिक्षण के बाद उनकी उम्र के अनुसार समुचित कक्षाओं में प्रवेश दिलाएँगे। सम्मिलित विकास को बढ़ावा देने के उद्देश्य से निजी स्कूल भी सबसे निचली कक्षा में समाज के गरीब और हाशिए पर रहनेवाले वर्गों के लिए 25 प्रतिशत सीटें आरक्षित करेंगे। इसे साकार करना एक बड़ी चुनौती है। देश में लगभग 1 करोड़ बच्चे स्कूलों से वंचित हैं, जो अपने आप में एक बड़ी संख्या है। प्रशिक्षित शिक्षकों की कमी, स्कूलों में सुविधाओं का अभाव, अतिरिक्त स्कूलों की आवश्यकता और धन की कमी होना अन्य बड़ी चुनौतियाँ हैं।

मौजूदा स्थिति में लगभग 46 प्रतिशत स्कूलों में बालिकाओं के लिए शौचालय नहीं हैं, देश भर में 12.6 लाख शिक्षकों के पद खाली हैं। देश के 12.9 लाख मान्यता प्राप्त प्रारंभिक स्कूलों में अप्रशिक्षित शिक्षकों की संख्या 7. 72 लाख है, जो कुल शिक्षकों की संख्या का 40 प्रतिशत है। लगभग 53 प्रतिशत स्कूलों में अधिनियम के प्रावधान के अनुसार निर्धारित छात्र-शिक्षक अनुपात 1:30 से अधिक है। रिक्तियों को भरने के उद्देश्य से आगामी छह वर्षों

में लगभग 5 लाख शिक्षकों को भरती करने की योजना है।

जहाँ तक धन की कमी का प्रश्न है, इस अधिनियम में राज्यों के साथ हिस्सेदारी का प्रावधान है, जिसमें कुल व्यय में केंद्र सरकार का हिस्सा 55 प्रतिशत है। एक अनुमान के अनुसार, इस अधिनियम के कार्यान्वयन के लिए आगामी पाँच वर्षों में 1.71 लाख करोड़ रुपए की आवश्यकता होगी। इनमें से केंद्रीय बजट में 15,000 करोड़ रुपए का प्रावधान किया गया है। वहीं दूसरी ओर केंद्र सरकार द्वारा शैक्षिक कार्यक्रमों के लिए पहले से राज्यों को दिए गए लगभग 10,000 करोड़ रुपए का व्यय नहीं हो पाया है। इस अधिनियम के कार्यान्वयन के लिए वित्त आयोग ने राज्यों को 25,000 करोड़ रुपए आवंटित किए हैं। इसके बावजूद बिहार, उत्तर प्रदेश और उड़ीसा जैसे राज्यों ने अतिरिक्त निधि की माँग की है। इस परियोजना की सफलता के लिए सभी हितधारकों की ओर से एक ईमानदार पहल की आवश्यकता है। सामने कई चुनौतियाँ भी हैं। निम्न आय समूहवाले माता-पिता परिवार की आय बढ़ाने के लिए अपने बच्चों को काम करने के लिए भेजते हैं। इस उम्र में विवाह होना और जीविका के लिए लोगों का प्रवास करना भी ऐसे मुद्‍दे हैं।

इस प्रकार भारत ने वैधानिक समर्थन के साथ एक सशक्त देश की आधारशिला रखने के लिए एक व्यापक कार्यक्रम शुरू किया है। वास्तव में यह शिक्षा को व्यापक बनाने की दिशा में उठाया गया एक अद्वितीय कदम है। शिक्षा का मुद्‍दा भारत के संविधान की समवर्ती सूची में शामिल है, अतः इसके लिए सभी स्तरों पर बेहतर सहयोग की जरूरत है।

भारतीय शिक्षा के इतिहास में अब जो नई इबारत लिखी गई है, उसे कई वर्षों पहले ही हो जाना चाहिए था। भारत सरकार द्वारा सबको शिक्षा मिले, इसके लिए कई तरह की योजनाएँ पहले ही चल रही हैं। सर्वशिक्षा अभियान, राष्ट्रीय साक्षरता मिशन, ऑपरेशन ब्लैकबोर्ड आदि योजनाओं से शायद ही कोई अपरिचित हो; पर हमें इन योजनाओं पर भी सरसरी तौर पर एक नजर जरूर डाल लेनी चाहिए। पिछली योजनाओं का पोस्टमार्टम किए बिना और उसके अनुभवों से सीखे बिना इस कानून को पटरी पर लाना आसान न होगा।

कहा जाता है कि भारत की आत्मा गाँवों में निवास करती है। 'गाँव' शब्द सुनते ही हमारी आँखों में एक ऐसी छवि उभरती है, जहाँ मूलभूत सुविधाओं का हमेशा अभाव रहता है, खासकर चिकित्सा और शिक्षा के क्षेत्र में। भारत सरकार द्वारा इन मूलभूत सुविधाओं के लिए पिछले सालों में लाखों व करोड़ों रुपए खर्च किए गए, पर समस्या जस-की-तस बनी हुई है। उचित चिकित्सा के अभाव

में न जानें कितनी ही जाने रोज जाती हैं। एड्स से मरनेवालों की अपेक्षा आज भी ज्यादा जानें मलेरिया, डायरिया, उचित प्रसव के अभाव आदि से जाती हैं। शिक्षा के क्षेत्र में तो स्थिति और भयावह है। गाँवों में प्राथमिक शिक्षा की स्थिति से आप और हम पूरी तरह से परिचित हैं। हर 30 बच्चों पर 1 शिक्षक की सरकार की योजना शायद ही कहीं नजर आती है। कई जगह तो पूरा-का-पूरा स्कूल एक शिक्षक के भरोसे से चल रहा है। ऐसे में शिक्षा के स्तर में सुधार या जिस प्रकार की शिक्षा आज हम हमारे स्कूलों में दे रहे हैं, क्या वाकई वह ग्रामीण इलाकों के बच्चों को फर्राटेदार अंग्रेजी बोलनेवाले गुणवत्तापूर्ण निजी स्कूलों के बच्चों से मुकाबला करने के लिए तैयार कर पाएगी। ऐसे समय में सरकारी स्कूलों के बच्चों में आनेवाली हीन भावना का जिम्मेदार आखिर कौन होगा? शिक्षा की असमानता भी आज मुख्य समस्या बनी हुई है। निजी स्कूलों और सरकारी स्कूलों में शिक्षा के स्तर में जमीन-आसमान का अंतर है। यही कारण है कि आज भी अभिभावक सरकारी स्कूलों की अपेक्षा निजी स्कूलों को ज्यादा तरजीह देते हैं।

आज हमारे देश में लगभग 22 करोड़ बच्चे स्कूली शिक्षा प्राप्त कर रहे हैं। इतनी बड़ी संख्या तक उच्च गुणवत्तापूर्ण शिक्षा पहुँचाना सरकार के लिए वाकई आसान नहीं है। कुछ केंद्रीय विद्यालय इस कार्य में ईमानदारीपूर्वक अवश्य लगे हुए हैं, पर इन विद्यालयों तक सिर्फ 10 लाख बच्चों की ही पहुँच है। ऐसे में सरकार के सामने सिर्फ एक ही विकल्प बचता है कि ग्रामीण और शहरी दोनों क्षेत्रों के सरकारी स्कूलों की गुणवत्ता बढ़ाई जाए, पूर्ण रूप से प्रशिक्षित शिक्षकों की ही भरती की जाए और समय-समय पर शिक्षकों को उचित प्रशिक्षण भी सुनिश्चित किया जाए।

केंद्र सरकार इस कानून को पूर्ण रूप से फलीभूत अपने बलबूते पर कभी नहीं कर सकती, जब तक उन्हें राज्य सरकार, लोकल कम्युनिटीज और पंचायतों का पूरा सहयोग न मिले। राज्य सरकारों का ही यह फर्ज बनता है कि जिन जगहों पर स्कूल नहीं हैं, वहाँ जल्द-से-जल्द स्कूल खोलें। उनमें पर्याप्त शिक्षकों की भरती करें और गुणवत्तापूर्ण शिक्षण व्यवस्था भी सुनिश्चित करें। वैसे, पिछले कुछ सालों में प्राथमिक स्कूलों में बच्चों की संख्या में लगातार बढ़ता ग्राफ कुछ सुकून देनेवाला तो अवश्य है, पर सरकारी स्कूलों के स्तर में आ रही लगातार गिरावट को रोके बिना सिर्फ स्कूल तक बच्चों को पहुँचाने से काम नहीं बननेवाला। वहीं सरकार द्वारा कानून बना देने से हमें यह सोचकर निश्चिंत नहीं बैठना चाहिए कि अब यह सब सरकार का ही काम है, हमें भी देश का

जागरूक नागरिक होने के नाते बच्चों को उनके मौलिक अधिकार दिलाने के लिए ईमानदारी से प्रयास करने चाहिए, ताकि कल के देश के भविष्य इन बच्चों के सामने हमें शर्मिंदा न होना पड़े।

शिक्षा की वर्तमान स्थिति

विश्व स्तर पर आज हमारा भारत देश हर तरह से संपन्न और प्रगतिशील माना जाता है। आज देश ने आकाश से बढ़कर ब्रह्मांड को छूने में कामयाबी हासिल की है। लेकिन इस पूरे प्रगतिशील दौर में आज भी देश में शिक्षा का स्तर अधिक चिंताजनक बना हुआ है। आज भले ही हमारे पास हर एक किलोमीटर पर स्कूल और पाठशालाएँ मौजूद हों, लेकिन शिक्षा का स्तर लगातार गिरता जा रहा है। आज के दौर में भले ही हमने ज्यादा-से-ज्यादा बच्चों को स्कूल में दाखिला दिला दिया हो, लेकिन शिक्षा के पैमानों में इन बच्चों की स्थिति और भी चिंताजनक हो गई है। देश में सभी के लिए मुफ्त शिक्षा का बिल भले ही पास हो गया हो, लेकिन यह आधारभूत अधिकार अभी भी केवल कागजों पर ही है।

स्कूली शिक्षा की समस्याओं पर विचार करने के सिलसिले मे जो कुछ प्रश्न बार-बार उठाए जाते हैं वे हैं–शिक्षकों की अनुपस्थिति, अभिभावकों की उदासीनता, सही पाठ्यक्रम का अभाव, अध्यापन में खामियाँ इत्यादि। परंतु इन समस्याओं को अलग-अलग रूप में नहीं देखा जा सकता, क्योंकि इनकी जड़ें सारी व्यवस्था में फैली हैं। इसलिए व्यवस्था में आमूल परिवर्तन लाना जरूरी है। इसके लिए हमें स्कूली शिक्षा व्यवस्था की मूल समस्याओं पर गौर करना होगा। पहली मूल समस्या है प्रवेश की कमी। आजादी के 64 साल बाद भी हमारे देश में करोड़ों बच्चे पढ़ाई से वंचित रह जाते हैं। पूरे देश में यह संख्या 30 प्रतिशत से कम नहीं होगी। आधुनिकतम सरकारी आँकड़ों के अनुसार, कक्षा 10 तक पहुँचते-पहुँचते 61 प्रतिशत बच्चों ने पढ़ाई छोड़ दी थी। प्रवेश की समस्या के समाधान के लिए सबसे पहला कार्य होना चाहिए–अतिरिक्त स्कूलों का निर्माण, अतिरिक्त शिक्षकों की बहाली और अतिरिक्त शिक्षक-प्रशिक्षण संस्थानों का निर्माण। शिक्षा की दूसरी मूल समस्या है इसकी अति निम्न गुणवत्ता। इसे बढ़ाने के लिए सबसे महत्त्वपूर्ण उपाय है न्यूनतम मानकों का निर्धारण कर उन्हें सभी स्कूलों में लागू करना। शिक्षा का अधिकार विधेयक की अनुसूची में कुछ मानक निर्धारित किए गए हैं, परंतु ये नितांत अपर्याप्त हैं।

प्रवेश एवं गुणवत्ता, इन दोनों समस्याओं का असली कारण है वित्त का अभाव। शिक्षा अधिकार विधेयक से संलग्न वित्तीय स्मरण पत्र में कहा गया है, 'विधेयक को अमल में लाने के लिए आवश्यक वित्तीय संसाधनों का परिणाम निर्धारित करना फिलहाल संभव नहीं है।' यह कथन गलत है। पिछले दस वर्षों में भारत के हर बच्चे को निःशुल्क प्रारंभिक शिक्षा प्रदान करने में जो खर्च होगा उसका कई बार अनुमान लगाया जा चुका है। सन् 1999 में तापस मजूमदार समिति ने बताया कि इसके लिए अगले दस वर्षों में 1,37,000 करोड़ अतिरिक्त रकम लगेगी। सन् 2005 में शिक्षा परामर्श बोर्ड (केब) के एक विशेषज्ञ दल ने अनुमान लगाया था कि इस पर 6 साल तक प्रतिवर्ष न्यूनतम 53,500 करोड़ रुपए और अधिकतम 73 हजार करोड़ रुपए का अतिरिक्त व्यय होगा। फिलहाल प्रारंभिक शिक्षा के लिए सर्वशिक्षा अभियान के माध्यम से धनराशि उपलब्ध कराई जाती है। दसवीं पंचवर्षीय योजना की तुलना में करीब दोगुनी वृद्धि के बाद भी ग्यारहवीं पंचवर्षीय योजना में सर्वशिक्षा अभियान के लिए प्रतिवर्ष करीब 30,000 करोड़ रुपए का प्रावधान है। इस रकम से न तो देश के सभी बच्चों को स्कूल में प्रवेश दिलाया जा सकता है और न गुणवत्ता में विशेष परिवर्तन लाया जा सकता है।

हमारी स्कूली शिक्षा व्यवस्था की तीसरी मूल समस्या है इसमें व्याप्त असमानता और भेदभाव। देश के सामाजिक वर्गीकरण के साथ-साथ हमारे यहाँ स्कूलों का भी वर्गीकरण है, जिसके अनुसार धनी और विशिष्ट वर्ग के बच्चे ज्यादा फीसवाले अच्छे स्कूलों में पढ़ते हैं और गरीब व निम्न वर्ग के बच्चे, सामान्य और कम फीसवाले स्कूलों में, जिनकी संख्या कुल स्कूली छात्रों का करीब 80 प्रतिशत है। इसके चलते देश का सामाजिक विभाजन और भी बढ़ता जा रहा है। सभी स्कूलों में न्यूनतम मानक लागू करना न केवल शिक्षा की गुणवत्ता बढ़ा सकता है, बल्कि शिक्षा व्यवस्था में मौजूद भेदभाव को मिटाने में भी मदद कर सकता है। भेदभाव मिटाने का दूसरा उपाय है पड़ोस के स्कूल के सिद्धांत को लागू करना, जिसके मुताबिक हर स्कूल को उसके लिए निर्धारित पोषक क्षेत्र अथवा पड़ोस के सभी बच्चों को दाखिला देना होगा। इसका भी शिक्षाधिकार विधेयक में कोई प्रावधान नहीं है, बल्कि स्कूलों के वर्तमान वर्गीकरण को कायम रखने की व्यवस्था है।

ग्यारहवीं पंचवर्षीय योजना में शिक्षा के क्षेत्र में सार्वजनिक-निजी सहभागिता (पी.पी.पी.) का सिद्धांत लागू करने की नीति बन चुकी है। यानी अब सार्वजनिक धन का उपयोग सरकार शिक्षा के निजीकरण और बाजारीकरण के

लिए करने जा रही है। कुछ प्रदेश सरकारों ने तो सरकारी स्कूलों को निजी कंपनियों को देने के लिए टेंडर तक जारी करने या फिर अन्य तरीकों से सौंपने की पूरी तैयारी कर ली है। योजना आयोग ने स्कूली शिक्षा को सार्वजनिक-निजी सहभागिता के साँचे में ढालने के लिए एक बैठक बुलाई थी, जिसमें 18 कॉरपोरेट घरानों के प्रतिनिधि मौजूद थे, एक भी शिक्षाविद् या शिक्षक नहीं था। शिक्षा को कारोबार में बदलने की इस घोषित सरकारी नीति के चलते इस बिल का खोखलापन अपने आप जाहिर हो जाता है।

वैश्वीकरण की नव उदारवादी नीति की तर्ज पर बने इस सरकारी बिल के पैरोकार सरकार के बाहर भी हैं। उनका कहना है कि यह बिल निजी स्कूलों की भी जवाबदेही तय करता है। उनका इशारा उस प्रावधान की ओर है, जो निजी स्कूलों में कमजोर वर्गों और वंचित समुदायों के बच्चों के लिए 25 प्रतिशत सीटें आरक्षित करता है। इनकी फीस सरकार की ओर से दी जाएगी। इससे बड़ा फूहड़ मजाक और क्या हो सकता था। एक, आज 6-14 वर्ष की आयु समूह के लगभग 20 करोड़ बच्चों में से 4 करोड़ बच्चे निजी स्कूलों में हैं। इनके 25 प्रतिशत यानी महज 1 करोड़ बच्चों के लिए यह प्रावधान होगा। शेष बच्चों का क्या होगा? दूसरा, सब जानते हैं कि निजी स्कूलों में टयूशन फीस के अलावा अन्य कई प्रकार के शुल्क लिये जाते हैं, जिसमें कंप्यूटर, पिकनिक, डांस आदि शामिल हैं। यह सब और इन स्कूलों के अभिजात माहौल के अनुकूल कीमती पोशाकें गरीब बच्चे कहाँ से लाएँगे। इनके बगैर वे वहाँ पर कैसे टिक पाएँगे? तीसरा, यदि किसी तरह वे 8वीं कक्षा तक टिक भी गए तो उसके बाद उनका क्या होगा? ये बच्चे फिर सड़कों पर आ जाएँगे; जबकि उनके साथ पढ़े हुए फीस देनेवाले बच्चे 12वीं कक्षा पास करके प्रतियोगी परीक्षा या विदेशी विश्वविद्यालयों की परीक्षा देंगे। इन सवालों का एक ही जवाब है–समान स्कूल प्रणाली, जिसमें प्रत्येक स्कूल (निजी स्कूलों समेत) पड़ोसी स्कूल होगा।

सुप्रीम कोर्ट के उन्नीकृष्ण, फैसले (1993) के अनुसार, अनुच्छेद 41 के मायने हैं कि शिक्षा का अधिकार 14 वर्ष की आयु में खत्म नहीं होता, वरन् सेकंडरी व उच्च शिक्षा तक जाता है। फर्क इतना है कि 14 वर्ष की आयु तक की शिक्षा के लिए सरकार पैसों की कमी का कोई बहाना नहीं कर सकती, जबकि सेकंडरी व उच्च शिक्षा को देते वक्त उसकी आर्थिक क्षमता को ध्यान में रखा जा सकता है। जनता को उम्मीद थी कि यह बिल उच्च शिक्षा के दरवाजे प्रत्येक बच्चे के लिए समानता के सिद्धांत पर खोल देगा। तभी तो रोजगार के लिए सभी समुदायों के बच्चे बराबरी से होड़ कर पाएँगे और साथ में भारत में

अर्थव्यवस्था में समान हिस्सेदारी के हकदार बनेंगे। क्या ऐसे कानून के लिए और आधी सदी तक इंतजार किया जाए या संसद् पर जन-दबाव बनाकर इसी बिल में यथोचित संशोधन करवाने के लिए कमर कसी जाए?

इन सभी सरकारी आँकड़ों से शिक्षा की कार्यशैली से तो आम जनता को भ्रमित किया जा सकता है, पर शिक्षा के लिए शिक्षा योजना अधिकार का कार्यान्वयन होना जरूरी है। सिर्फ शिक्षा के मौलिक अधिकार का कानून सरकारी दस्तावेजों से ही नहीं मिल सकता है। सरकारी और गैर-सरकारी संगठनों को अब जड़-चेतन के साथ जुड़कर शुरुआत करनी होगी। आम जनता की भागीदारी के लिए मीडिया को भी सामने आना होगा, लोगों को जागरूक और प्रोत्साहित करना होगा। शिक्षा के इस अधिकार को पूरी तरह से सफल बनाने के लिए निम्नलिखित बिंदुओं पर विचार किया जा सकता है–

1. शिक्षित युवाओं को शिक्षक बनने की राह में प्रोत्साहित किया जाना चाहिए और उचित ट्रेनिंग एवं आय देना चाहिए।

2. सरकार को स्कूली पाठ्यक्रम में अधिक गुणवत्ता के साथ शिक्षा की उचित व्यवस्था पर केंद्रित होना चाहिए।

3. इस चुनौती को जन भागीदारी, मीडिया और गैर-सरकारी संगठनों द्वारा एक साथ मिलकर किया जाना चाहिए।

4. सिर्फ शहरों और जिलों तक ही सीमित न रहकर गाँवों और छोटे कस्बों तक शिक्षा के सही मायनों को पहुँचाना होगा। शिक्षा नीति के सही कार्यान्वयन की आवश्यकता है।

भारत आज विश्व की एक प्रमुख आर्थिक महाशक्ति है। चीन के बाद सबसे तेज आर्थिक विकास दर हमारी है। हमारे यहाँ दुनिया का दूसरे नंबर का सबसे बड़ा और गतिशील व मजबूत उपभोक्ता बाजार मौजूद है। इन तमाम तमगों के बीच अशिक्षा हमारी एक बड़ी भयावह सच्चाई है।

इसका अंदाजा इस बात से लगाया जा सकता है कि जब भारत आजाद हुआ था तब देश के बहुसंख्यक लोग अशिक्षित थे। लेकिन क्या आप इस तथ्य से परिचित हैं कि भारत में आज 64 साल बाद अशिक्षितों की संख्या वर्ष 1947 की कुल जनसंख्या से भी ज्यादा है? वर्ष 1961 में सिर्फ 28 प्रतिशत भारतीय शिक्षित थे और 2006 में शिक्षित भारतीयों का प्रतिशत बढ़कर 66 हो चुका था, फिर भी भारत में इस समय 38 करोड़ लोग ऐसे हैं, जो लिख-पढ़ नहीं सकते।

38 करोड़ बहुत बड़ी आबादी है। आजादी के समय की यह भारत की

कुल आबादी से बड़ी तादाद तो है ही, साथ ही अगर हिंदुस्तान के अशिक्षितों को एक देश के रूप में चिह्नित किया जाए तो चीन व शिक्षित भारत के बाद आबादी के लिहाज से तीसरा दुनिया का सबसे बड़ा देश होगा यह अशिक्षित भारत।

हम सबने अपनी स्कूली पढ़ाई के दौरान किताबों में लिखे अपने सात मूल अधिकारों के बारे में पढ़ा है। अब इन्हीं मूल अधिकारों की फेहरिस्त में शिक्षा का अधिकार भी शामिल हो गया है।

शिक्षा हर बच्चे का मौलिक अधिकार : मनमोहन

प्रधानमंत्री मनमोहन सिंह ने शिक्षा के अधिकार कानून के लागू होने के अवसर पर राष्ट्र को संबोधित करते हुए कहा कि शिक्षा हर बच्चे का मौलिक अधिकार है।

प्रधानमंत्री ने कहा कि सरकार यह सुनिश्चित करने के लिए प्रतिबद्ध है कि बिना किसी भेदभाव के सभी बच्चों की शिक्षा तक पहुँच हो। उन्होंने देशवासियों से अपील की कि वे शिक्षा के जरिए देश को मजबूत बनाएँ। प्रधानमंत्री ने कहा कि सरकार सभी बच्चों को शिक्षा का अधिकार सौंप रही है।

प्रधानमंत्री ने कहा कि नौजवान हमारे देश का भविष्य हैं और उन्हीं पर खुशहाल व मजबूत भारत निर्भर है। उन्होंने कहा कि सरकार ने इस कानून को लागू कर अपने वादे को पूरा किया है। प्रधानमंत्री ने कहा कि कानून यह दिखाता

है कि हम बच्चों के भविष्य को कितनी अहमियत देते हैं। उन्होंने कहा कि सरकार यह सुनिश्चित करने के लिए प्रतिबद्ध है कि बिना किसी लैंगिक और सामाजिक भेदभाव के सभी बच्चों की शिक्षा तक पहुँच हो। हमारी सरकार राज्य सरकारों की भागीदारी के साथ यह सुनिश्चित करेगी कि शिक्षा के अधिकार कानून को लागू करने में धन की कमी आड़े न आए।

प्रधानमंत्री ने कहा कि मैं चाहता हूँ कि हर भारतीय बच्चा, लड़की और लड़का, शिक्षा की रोशनी से रोशन हो। मैं चाहता हूँ कि हर भारतीय एक बेहतर भविष्य का सपना देखे और उस सपने को पूरा करने के लिए काम करे। प्रधानमंत्री ने अपने बचपन के दिनों को याद करते हुए कहा कि उन्हें लंबी दूरी तय करके विद्यालय जाना पड़ता था। मैं आज जो कुछ भी हूँ, वह शिक्षा की वजह से हूँ। प्रधानमंत्री ने देशवासियों से अपील की कि वे शिक्षा के जरिए देश को मजबूत बनाएँ।

शिक्षा का अधिकार कानून की अड़चनें

शिक्षा का अधिकार अब मौलिक अधिकार बन गया है। इस अधिकार की माँग है कि देश में 6 से 14 वर्ष का कोई बच्चा स्कूल जाने से वंचित न रहे। लेकिन हकीकत कुछ और ही बयाँ करती है। आज भी हम अपने आसपास अनेक मासूम बच्चों को चाय की दुकान पर खाली कप उठाते और ढाबे पर बरतन साफ करते देख सकते हैं। सरकार का प्रयास इस कानून के माध्यम से इन मासूमों को स्कूल की राह दिखाना है। लेकिन न तो अकेली सरकार और न ही अभिभावक इस प्रयास को परवान चढ़ा सकते हैं, बल्कि सामूहिक प्रयास से ही शिक्षा के अधिकार के लक्ष्यों को हासिल किया जा सकता है। अगर ऐसा नहीं हुआ तो बाकी कई नियमों की तरह यह कानून भी कागजों में सिमटकर रह जाए तो कोई हैरानीवाली बात नहीं होगी।

- प्राथमिक स्कूलों में मूलभूत सुविधाओं की कमी।
- ज्यादातर प्राथमिक स्कूलों का अपना भवन नहीं।
- हर साल प्रवास करनेवाले बच्चे बन रहे बड़ी चुनौती।

टायर पंक्चर की दुकान पर पसीने से तर-बतर रोजमर्रा के काम में लगे कल्लन को यह मालूम नहीं कि देश में शिक्षा का अधिकार अब मौलिक अधिकार बन चुका है। भला मालूम भी कैसे हो, उस पर तो महज 11 वर्ष की आयु में परिवार के भरण-पोषण का बोझ जो आन पड़ा। पापा बीमार रहते हैं और

माँ दो छोटी बहनों की देखभाल में लगी रहती है। ऐसे में परिवार के सदस्यों के लिए दो रोटी का जुगाड़ करने की कशमकश में बेहतर शिक्षा हासिल करने के उसके अरमान आँसू बनकर बह रहे हैं।

जी हाँ, यह बात एकदम सही है। विभिन्न शहरों में जगह-जगह रोजमर्रा के काम में जुटे 6 से 14 वर्ष की आयु के सैकड़ों बच्चों को शिक्षा के अधिकार का अता-पता तक नहीं है। हालाँकि शिक्षा का अधिकार लागू होने से पहले भी सर्वशिक्षा अभियान के तहत इन बच्चों को स्कूलों तक पहुँचाने के लिए सर्वे के जरिए प्रयास हो चुका है, लेकिन यह सर्वे महज औपचारिकता बनकर रह गया है।

विभिन्न जिलों में कई प्राइमरी स्कूल ऐसे हैं, जिनका अपना कोई भवन नहीं है। अगर भवन है भी तो वो इतना जर्जर कि हर वक्त हादसे का अंदेशा बना रहता है। स्कूल भवन न होने की वजह से मंदिरों व चौपालों में कक्षाएँ लगाई जाती हैं।

शिक्षा का अधिकार कानून पर लोगों की प्रतिक्रिया

शिक्षा के अधिकार पर कानून की मुहर लगने से हर तरफ खुशी की लहर है। लोगों ने कानून का स्वागत किया है। लेकिन साथ ही बुद्धिजीवी वर्ग की राय है कि जब तक इस कानून को सामाजिक सहयोग नहीं मिलता है, तब तक संपूर्ण समाज को शिक्षित करने का सरकार का सपना केवल सपना ही बनकर रह जाएगा।

एक निजी बैंक के असिस्टेंट मैनेजर ने कहा कि शिक्षा का अधिकार कानूनी अधिकार बनने से देश उन्नति के पथ पर अग्रसर होगा। योजनाएँ प्रभावी रूप से लागू होंगी और लोग जागरूक होंगे।

एक कामकाजी महिला ने कहा कि शिक्षा का अधिकार मौलिक अधिकार बनने से समाज का स्तर ऊँचा उठेगा, साक्षरता दर बढ़ेगी और लोग महत्त्वपूर्ण सरकारी योजनाओं का लाभ उठाने में सक्षम होंगे।

एक अकाउंटेंट ने कहा कि शिक्षा से सभ्यता आती है और संस्कृति का विकास होता है। शिक्षा के अधिकार का मतलब है-सभी के लिए शिक्षा अर्थात् संपूर्ण साक्षरता। इससे अपराध कम होंगे और विकास के रास्ते खुलेंगे।

एक सेवानिवृत्त बुजुर्ग ने कहा कि शिक्षा का अधिकार कानून को सफल बनाने के लिए सरकार को ढाँचागत विकास करना होगा और स्कूलों में संसाधन बढ़ाने होंगे। लेकिन बिना सामाजिक सहयोग के कोई कानून सिरे नहीं चढ़ सकता।

एक कॉलेज विद्यार्थी ने कहा कि शिक्षा का अधिकार उतना ही प्रभाव दिखा पाएगा जितना इसका प्रचार-प्रसार होगा। हमारे यहाँ कई अति महत्त्वपूर्ण कानून बने हैं, लेकिन ये महज इसलिए कामयाब नहीं हो पाते, क्योंकि लोगों को उनकी जानकारी ही नहीं है। ऐसे में सरकार को चाहिए कि वह कानून के प्रचार-प्रसार पर भी ध्यान दे।

एक विद्यालय शिक्षक ने शिक्षा के अधिकार कानून को वर्तमान समय की जरूरत बताते हुए कहा कि इससे निम्न तबके में भी शिक्षा का ग्राफ बढ़ेगा और वे भी अपने बच्चों को अच्छी शिक्षा दे सकेंगे।

शिक्षा क्षेत्र : कुछ चौंकानेवाले तथ्य

भारत के एक गैर-सरकारी संगठन ने देशव्यापी सर्वेक्षण में पाया है कि 50 प्रतिशत बच्चे ऐसे हैं जो वैसे तो पाँचवीं कक्षा तक पहुँच गए हैं, लेकिन वे दूसरी कक्षा की किताबों को भी पढ़ने में सक्षम नहीं हैं।

संगठन ने 575 जिलों के 16 हजार गाँवों में 3 लाख परिवारों के बीच यह सर्वेक्षण किया। रिपोर्ट से यह निचोड़ निकला कि ग्रामीण भारत के आधे बच्चे सामान्य स्तर से तीन कक्षा नीचे के स्तर पर हैं।

रिपोर्ट में यह भी कहा गया कि प्राथमिक शिक्षा में पिछले कुछ वर्षों में बेहतरी के कुछ प्रमाण भी मिले हैं। रिपोर्ट के अनुसार, कुछ राज्यों में इस स्थिति

में सुधार आया। ये राज्य हैं महाराष्ट्र, हिमाचल प्रदेश, छत्तीसगढ़, पंजाब, आंध्र प्रदेश और कर्नाटक। राज्यों में मध्य प्रदेश, हिमाचल प्रदेश और महाराष्ट्र सबसे ऊपर हैं, जिनमें 70 प्रतिशत पाँचवीं कक्षा के बच्चे दूसरी कक्षा का पाठ पढ़ने में सक्षम पाए गए।

इसके अलावा रिपोर्ट गणित की पढ़ाई के बारे में भी निराशाजनक तसवीर पेश करती है। इस रिपोर्ट के अनुसार, सिर्फ 36 प्रतिशत बच्चे ही ऐसे हैं, जो सामान्य गुणा-भाग कर सकते हैं। वर्ष 2007 में यह संख्या 41 प्रतिशत पाई गई थी। मतलब यह कि इस क्षेत्र में हालात खराब हुए हैं।

यहाँ वास्तविक समस्या यह है कि लोगों को यह पता ही नहीं कि शिक्षा वास्तव में किस चीज का नाम है। हम शिक्षा का मूल्य भी वैसे ही आँकते हैं जैसे कि जमीन का भाव लगा रहे हों या शेयर बाजार में शेयरों का मोल-भाव कर रहे हों। हम केवल वैसी ही शिक्षा उपलब्ध कराना चाहते हैं, जो छात्रों को अधिक पैसा कमाने में सक्षम बनाए। हम बमुश्किल ही इस बारे में सोचने की जहमत उठाते हैं कि शिक्षित व्यक्ति के चरित्र में सुधार लाना भी एक पक्ष है। हम मानते हैं कि लड़कियों को कमाने की कोई आवश्यकता नहीं, इसलिए उन्हें क्यों पढ़ाया जाए। जब तक ये विचार मौजूद रहेंगे तब तक शिक्षा के वास्तविक मूल्य को जानने की कोई उम्मीद नहीं बनेगी।

रिपोर्ट के अनुसार, प्राइवेट ट्यूशन का चलन बढ़ा है। हमारे यहाँ आमतौर पर यह धारणा रही है कि प्राइवेट स्कूलों में शिक्षा का स्तर बेहतर होता है। रिपोर्ट कहती है कि वर्ष 2005 की तुलना में 2008 में प्राइवेट स्कूलों में दाखिला लेनेवाले बच्चों की संख्या बढ़ी है।

इस सर्वेक्षण में कुछ सकारात्मक तथ्य भी सामने आए हैं। रिपोर्ट में कहा गया है कि नामांकन में स्पष्ट वृद्धि दर्ज की गई है, यानी स्कूल जानेवाले बच्चों की संख्या बढ़ी है। इस क्षेत्र में बिहार ने काफी अच्छा काम किया है।

रिपोर्ट में इस बात पर भी ध्यान दिया गया है कि जिन बच्चों का नाम स्कूलों के रजिस्टरों में दर्ज है, उनमें से कितने बच्चे वास्तव में स्कूल जाते हैं। रिपोर्ट के अनुसार ग्रामीण भारत के अधिकतर सरकारी स्कूलों में किसी भी दिन उपस्थिति दर 75 प्रतिशत के आसपास रहती है। हालाँकि केरल, कर्नाटक, हिमाचल प्रदेश, महाराष्ट्र, गोवा, तमिलनाडु और नागालैंड जैसे कुछ राज्यों में किसी भी दिन की उपस्थिति 90 प्रतिशत तक रहती है।

2

अधिनियम की मुख्य विशेषताएँ

ज्ञान-प्राप्ति से अधिक महत्त्वपूर्ण है अलग तरह से बूझना या सोचना।

–डेविड बोम

बच्चों के लिए मुफ्त तथा अनिवार्य शिक्षा का अधिकार अधिनियम की मुख्य विशेषताएँ निम्नलिखित हैं–

• भारत के 6 से 14 वर्ष की आयु वर्ग के बीच आनेवाले सभी बच्चों को मुफ्त तथा अनिवार्य शिक्षा।

• प्राथमिक शिक्षा खत्म होने से पहले किसी भी बच्चे को रोका नहीं जाएगा, निकाला नहीं जाएगा या बोर्ड परीक्षा पास करने की जरूरत नहीं होगी।

• ऐसा बच्चा, जिसकी उम्र 6 साल से ऊपर है, जो किसी स्कूल में दाखिल नहीं है अथवा है तो अपनी प्राथमिक शिक्षा पूरी नहीं कर पाई है, तब उसे उसकी उम्र के लायक उचित कक्षा में प्रवेश दिया जाएगा, बशर्ते कि सीधे तौर से दाखिला लेनेवाले बच्चों के समकक्ष आने के लिए उसे प्रस्तावित समय सीमा के भीतर विशेष ट्रेनिंग दी जानी होगी, जो प्रस्तावित हो। प्राथमिक शिक्षा हेतु दाखिला लेनेवाले बच्चे को 14 साल की उम्र के बाद भी प्राथमिक शिक्षा के पूरा होने तक मुफ्त शिक्षा प्रदान की जाएगी।

• प्राथमिक शिक्षा हेतु प्रवेश के लिए बच्चे की आयु का निर्धारण उसके जन्म प्रमाण-पत्र या ऐसे ही अन्य कागजात के आधार पर किया जाएगा तो उसे जारी किया गया हो। आयु प्रमाण नहीं होने की स्थिति में किसी भी बच्चे को दाखिला लेने से वंचित नहीं किया जा सकता।

• प्राथमिक शिक्षा पूरी करनेवाले छात्र को एक प्रमाण-पत्र दिया जाएगा।

• एक निश्चित शिक्षक-छात्र अनुपात की सिफारिश।

• जम्मू-कश्मीर को छोड़कर समूचे देश में लागू होगा।

• आर्थिक रूप से कमजोर समुदायों के सभी निजी स्कूलों के कक्षा 1 में दाखिला लेने के लिए 25 प्रतिशत का आरक्षण।

• शिक्षा की गुणवत्ता में अनिवार्य सुधार।

• स्कूल का बुनियादी ढाँचा (जहाँ यह एक समस्या है) तीन वर्षों के भीतर सुधारा जाए, अन्यथा उसकी मान्यता रद्द कर दी जाएगी।

• वित्तीय बोझ राज्य सरकार तथा केंद्र सरकार के बीच साझा किया जाएगा।

• स्कूल न तो प्रवेश के लिए कैपिटेशन फीस ले सकते हैं और न ही किसी तरह का डोनेशन। अगर इस तरह का कोई मामला प्रकाश में आया तो स्कूल पर 25,000 से 50,000 रुपए तक का जुर्माना लगाया जाएगा।

• निजी ट्यूशन पर पूरी तरह से रोक होगी और किसी बच्चे को शारीरिक सजा नहीं दी जा सकेगी।

• यदि छह वर्ष से अधिक उम्र का कोई भी बच्चा किन्हीं कारणों से विद्यालय नहीं जा पाता है तो उसे शिक्षा के लिए उसकी उम्र के अनुसार उचित कक्षा में प्रवेश दिलवाया जाएगा।

• इस अधिनियम के प्रावधानों को कार्यान्वित करने के लिए संबंधित सरकार तथा स्थानीय प्रशासन को यदि आवश्यक हुआ तो विद्यालय भी खोलना

होगा। अधिनियम के तहत यदि किसी क्षेत्र में विद्यालय नहीं है तो वहाँ तीन वर्षों की तय अवधि में विद्यालय का निर्माण करवाया जाना आवश्यक है।

• इस अधिनियम के प्रावधानों को अमल में लाने की जिम्मेदारी केंद्र एवं राज्य सरकार दोनों की है तथा इसके लिए होनेवाला धन खर्च भी इनकी समवर्ती जिम्मेदारी रहेगी।

• सभी बच्चों को घर के आसपास स्कूल में दाखिला हासिल करने का हक होगा।

• सभी तरह के स्कूल–चाहे वे सरकारी हों, अर्द्ध–सरकारी हों, सरकारी सहायता प्राप्त हों, गैर–सरकारी हों, केंद्रीय विद्यालय हों, नवोदय विद्यालय हों, सैनिक स्कूल हों, सभी तरह के स्कूल इस कानून के दायरे में आएँगे।

• गैर–सरकारी स्कूलों को भी 25 प्रतिशत सीटें गरीब वर्ग के बच्चों को मुफ्त मुहैया करानी होंगी। जो ऐसा नहीं करेगा उसकी मान्यता रद्द कर दी जाएगी।

• सभी स्कूल शिक्षित–प्रशिक्षित अध्यापकों को ही भरती करेंगे और अध्यापक–छात्र अनुपात 1:30 रहेगा।

• सभी स्कूलों में मूलभूत सुविधाएँ होनी अनिवार्य हैं। इसमें क्लास रूम, टॉयलेट, खेल का मैदान, पीने का पानी, दोपहर का भोजन, पुस्तकालय आदि शामिल हैं।

• 6 से 14 साल की उम्र के हरेक बच्चे को मुफ्त और अनिवार्य शिक्षा का अधिकार है। संविधान के 86वें संशोधन द्वारा शिक्षा के अधिकार को प्रभावी बनाया गया है।

• सरकारी स्कूल सभी बच्चों को मुफ्त शिक्षा उपलब्ध कराएँगे और स्कूलों का प्रबंधन स्कूल प्रबंधन समितियों (एस.एम.सी.) द्वारा किया जाएगा। निजी स्कूल न्यूनतम 25 प्रतिशत बच्चों को बिना किसी शुल्क के नामांकित करेंगे।

• बच्चों को पाठ्य पुस्तकें, पेन–पेंसिलें, कॉपी, वरदी आदि मुफ्त में दिए जाएँगे।

• गुणवत्ता समेत प्रारंभिक शिक्षा के सभी पहलुओं पर निगरानी के लिए प्रारंभिक शिक्षा के लिए राष्ट्रीय आयोग बनाया जाएगा।

अधिनियम का इतिहास

दिसंबर 2002 : अनुच्छेद 21ए (भाग 3) के माध्यम से 86वें संशोधन विधेयक में 6 से 14 साल के सभी बच्चों को मुफ्त और अनिवार्य शिक्षा के अधिकार को मौलिक अधिकार माना गया।

अक्तूबर 2003 : उपर्युक्त अनुच्छेद में वर्णित कानून, मसलन बच्चों के लिए मुफ्त और अनिवार्य शिक्षा विधेयक 2003 का पहला मसौदा तैयार कर अक्तूबर 2003 में इसे वेबसाइट पर डाला गया और आम लोगों से इस पर राय व सुझाव आमंत्रित किए गए।

वर्ष 2004 : मसौदे पर प्राप्त सुझावों के मद्देनजर मुफ्त और अनिवार्य शिक्षा विधेयक 2004 का संशोधित प्रारूप तैयार कर http:èkèkeducation.nic.in वेबसाइट पर डाला गया।

जून 2005 : केंद्रीय शिक्षा सलाहकार पार्षद समिति ने शिक्षा के अधिकार विधेयक का प्रारूप तैयार किया और उसे मानव संसाधन विकास मंत्रालय को सौंपा। मानव संसाधन विकास मंत्रालय ने इसे नैक (N.A.C.–नेशनल एडवाइजरी काउंसिल–राष्ट्रीय सलाहकार परिषद्) के पास भेजा, जिसकी अध्यक्ष श्रीमती सोनिया गांधी हैं। नैक ने इस विधेयक को प्रधानमंत्री के ध्यानार्थ भेजा।

14 जुलाई, 2006 : वित्त समिति और योजना आयोग ने विधेयक को कोष के अभाव का कारण बताते हुए नामंजूर कर दिया और एक मॉडल विधेयक तैयार कर आवश्यक व्यवस्था करने के लिए राज्यों को भेजा। (76वें संशोधन के बाद राज्यों ने राज्य स्तर पर कोष की कमी की बात कही थी।)

3

जिम्मेदारियाँ

जिसके पास बुद्धि है, बल उसी के पास है। —***पंचतंत्र***

शिक्षा का अधिकार अधिनियम का कार्यान्वयन किसी भी राज्य की महत्त्वपूर्ण जिम्मेदारी है। इस अधिनियम की सफलता वस्तुतः राज्य के ही हाथों में है। इसके लिए इस अधिनियम में कई जिम्मेदारियाँ निश्चित की गई हैं।

राज्य की जिम्मेदारी

(i) राज्य की यह जिम्मेदारी है कि इस अधिनियम के लागू होने की तीन साल की अवधि के भीतर प्रत्येक बच्चे के पड़ोस (निकटवर्ती इलाके) में एक स्कूल की उपलब्धता सुनिश्चित करे। यदि पड़ोस में स्कूल उपलब्ध न हो सके तो राज्य की जिम्मेदारी होगी कि वह बच्चों को निकटतम स्कूल तक का मुफ्त परिवहन प्रदान करे या आवासीय स्कूल की व्यवस्था करे।

(ii) जहाँ कोटा नहीं होगा, यदि माता-पिता अपने बच्चों को उन स्कूलों में पढ़ाएँगे तो वे राज्य पर मुफ्त शिक्षा उपलब्ध कराने का दावा नहीं कर सकेंगे।

(iii) स्कूलों में नामांकन की निगरानी के लिए एक तंत्र बनाया जाए। जहाँ आवश्यक हो वहाँ सुधारात्मक उपाय लागू किए जाएँ, ताकि हर बच्चे को पूर्ण प्राथमिक शिक्षा मिले। सारी सूचना को मीडिया और वेबसाइट के माध्यम से सार्वजनिक किया जाए।

(iv) यह सुनिश्चित करें कि आर्थिक, सामाजिक, सांस्कृतिक, भाषाई, लैंगिक, स्थानीय, शारीरिक या अन्य बाधाओं के कारण बच्चों को प्राथमिक शिक्षा ग्रहण करने से रोका न जाए और सबको समान गुणवत्ता की शिक्षा मिले।

(v) यह राज्य की जिम्मेदारी होगी कि इस अधिनियम के लागू होने के एक वर्ष के भीतर 7 से 9 वर्ष के सभी बच्चों का पड़ोस के स्कूल में दाखिला करा दे। जो बच्चे अधिक उम्र के हैं उनकी सक्षमता के अनुसार बड़ी कक्षा में भरती कराए। यह कार्य अधिनियम के लागू होने के तीन वर्ष के भीतर हो जाए।

(vi) जो किशोर कतिपय कारणों के चलते चौदह साल की उम्र तक अपनी प्राथमिक शिक्षा पूरी न कर सके हों, और अभी भी पढ़ रहे हों, उन्हें प्राथमिक शिक्षा पूरी होने या अठारह साल की उम्र तक मुफ्त शिक्षा प्रदान की जाए।

केंद्र की जिम्मेदारी

मुफ्त और अनिवार्य शिक्षा प्रदान करना केंद्र और राज्य सरकार दोनों की जिम्मेदारी है। केंद्र सरकार की जिम्मेदारियाँ निम्नलिखित हैं–

(i) अधिनियम को लागू करने के दौरान राज्य सरकार से बातचीत करके तय सूत्र के अनुसार लागत का अपना हिस्सा राज्य को प्रदान करना।

(ii) एक राष्ट्रीय पाठ्यक्रम का प्रभावी ढाँचा तैयार करना। शिक्षकों को उत्कृष्ट प्राथमिक शिक्षा हेतु गुणवत्ता आधारित प्रशिक्षण देना।

(iii) प्राथमिक शिक्षा के क्षेत्र में उल्लेखनीय कीर्तिमान हेतु तकनीकी, अनुसंधानात्मक एवं क्षमता निर्णयात्मक संसाधन व सहयोग उपलब्ध कराना।

(iv) अधिनियम के उद्देश्यों की प्राप्ति हेतु जारी विभिन्न उपायों, योजनाओं एवं कार्यक्रमों की निगरानी करना और चूक होने पर समुचित कदम उठाना।

(v) अन्य चूकों अथवा लापरवाहियों के विरुद्ध कदम उठाना।

संबद्ध सरकार की जिम्मेदारी

(i) मुफ्त और अनिवार्य शिक्षा के प्रावधान की जिम्मेदारियों के बारे में धारा 9 में परिभाषित केंद्र सरकार की जिम्मेदारियों के अतिरिक्त बाकी सारी जिम्मेदारियाँ संबद्ध राज्य सरकार की होंगी।

(ii) स्थानीय निकायों के साथ आपसी बातचीत के आधार पर उक्त अधिनियम के सफल कार्यान्वयन हेतु आर्थिक संसाधन हासिल करना।

(iii) प्रति वर्ष यह सुनिश्चित करना कि किन-किन स्थानों पर कितने

स्कूलों की आवश्यकता है और इसके अतिरिक्त किन मूलभूत सुविधाओं की अनिवार्यता है।

(iv) आवश्यकता के अनुसार स्कूल बनवाना और चालू कराना।

(v) अधिनियम के प्रावधानों के अनुरूप स्कूलों में अध्यापकों की बहाली करना।

(vi) प्राथमिक स्तर पर स्कूली पाठ्यक्रम का सक्षम शिक्षाविदों द्वारा समय-समय पर संशोधन करवाना।

(vii) इस अधिनियम के कार्यान्वयन हेतु व्यापक डेटाबेस का विकास और रख-रखाव करना।

स्थानीय निकायों की जिम्मेदारी

शिक्षा का अधिकार अधिनियम के तहत स्थानीय निकाय और अधिकारियों की भी निम्नलिखित जिम्मेदारियाँ तय की गई हैं–

(i) अपने क्षेत्र में रहनेवाले 1-14 वर्ष की आयु वर्ग के सभी बच्चों का वंचित वर्ग, कमजोर वर्ग आदि में रिकॉर्ड का रख-रखाव करना।

(ii) यह सुनिश्चित करना कि उनके इलाके में रहनेवाले प्रत्येक बच्चे ने प्राथमिक स्कूल में दाखिला ले लिया है और वह नियमित स्कूल जाता है तथा प्राथमिक शिक्षा पूरी करने में सक्षम है।

(iii) मुफ्त अनिवार्य शिक्षा उपलब्ध कराने में यदि कोई समस्या आड़े आए तो अतिरिक्त स्कूलों, अध्यापकों व अन्य सुविधाओं हेतु योजना और बजट तैयार करें।

(iv) अपने इलाके में निःशुल्क प्राथमिक शिक्षा उपलब्ध करानेवाले स्कूलों की मौजूदा बुनियादी सुविधाओं, शिक्षकों और अन्य सुविधाओं की निगरानी करना।

(v) प्रवासी परिवारों के बच्चों की शिक्षा हेतु विशेष कदम उठाना।

योजना बनाना

(i) हरेक स्कूल प्रबंधन समिति अपने इलाके में रहनेवाले बच्चों को समान गुणवत्तावाली शिक्षा मुहैया कराने के लिए स्कूल विकास योजना तैयार करेगी।

(ii) हरेक संबद्ध सरकार और केंद्र सरकार राज्य, संघ प्रदेश और देश

में मुफ्त व अनिवार्य शिक्षा प्रावधान के सफल कार्यान्वयन हेतु योजनाएँ तैयार करेगी।

स्कूलों और अध्यापकों की जिम्मेदारियाँ

शिक्षा का अधिकार कानून के तहत स्कूलों और अध्यापकों की जिम्मेदारी भी तय की गई है, ताकि संबंधित बच्चों की मुफ्त व अनिवार्य शिक्षा के बीच कोई अवरोध न आए।

स्कूलों की जिम्मेदारी

(i) सरकारी स्कूल, पूर्ण सहायता प्राप्त स्कूल एवं आंशिक सरकारी सहायता प्राप्त स्कूल से संबद्ध बच्चों को मुफ्त व अनिवार्य प्राथमिक शिक्षा प्रदान करेंगे।

(ii) खास वर्ग में निर्दिष्ट सरकारी स्कूल और गैर-सहायता प्राप्त स्कूल इस अधिनियम के लागू होने के बाद कमजोर वर्गों के कम-से-कम 25 प्रतिशत बच्चों को कक्षा एक में दाखिला देंगे और प्राथमिक शिक्षा पूरी होने तक या उनके स्कूल में स्थानांतरण चाहने तक, जो भी पहले हो, शिक्षा देंगे।

(iii) संबद्ध राज्य सरकार प्रति बच्चे पर आनेवाले खर्च का तय भुगतान स्कूल को करेगी।

(iv) मुफ्त व अनिवार्य शिक्षा के बारे में राज्य सरकार अथवा संबद्ध

सरकार द्वारा नामित अधिकारी स्कूलों से जो भी सूचनाएँ माँगे, स्कूलों की यह जिम्मेदारी होगी कि वे उन्हें मुहैया कराएँ।

(V) प्राथमिक स्कूल में प्रवेश की प्रक्रिया के दौरान स्कूल न तो बच्चों की, न उसके परिवारों की किसी भी तरह की छँटनी करेंगे। साथ ही, कोई भी परिवार कैपिटेशन फीस के रूप में कोई भुगतान नहीं करेगा।

स्कूलों की मान्यता

(i) सरकारी स्कूलों के अतिरिक्त वे सभी स्कूल, जो इस अधिनियम के लागू होने के वक्त या बाद में स्थापित हुए हैं, इस अधिनियम के दायरे में आते हैं।

(ii) प्रत्येक संबद्ध सरकार अधिनियम लागू होने के तीन महीने के भीतर स्कूलों के अलावा अन्य स्कूलों को मान्यता देने के नियमों को अधिसूचित करेगी। जहाँ ऐसे नियम पहले ही अधिसूचित हैं, वे इस अधिनियम के अंतर्गत समझे जाएँगे और यदि उसमें संशोधन व समीक्षा की आवश्यकता होगी तो किए जाएँगे, जिन्हें कानून लागू होने के छह महीने के भीतर कर लिया जाएगा।

(iii) स्कूल की तरफ से मान्यता देने के लिए प्राप्त होनेवाले आवेदनों को सक्षम अधिकार निर्धारित तीन महीनों के भीतर निबटा देंगे। यदि आवेदन निरस्त किया जाता है तो उसका समुचित कारण देना होगा। गैर सरकारी स्कूल यदि नियमों के परिपालन में कोताही बरतते हैं या नियमों का उल्लंघन करते पाए जाते हैं तो अधिनियम में वर्णित कानून के अनुसार उनकी मान्यता रद्द की जा सकती है।

(iv) जिस स्कूल की मान्यता समाप्त कर दी गई होगी, वह नहीं चलाया जाएगा। उस स्कूल के विद्यार्थियों को निकटवर्ती स्कूल में स्थानांतरित कर दिया जाएगा।

स्कूलों के लिए मानक मानदंड

(i) इस अधिनियम की अनुसूची में दिए गए निर्धारित मानकों को पूरा किए बगैर न तो कोई सरकारी स्कूल स्थापित किया जाएगा और न अन्य किसी ऐसे स्कूल को मान्यता दी जाएगी।

(ii) जिन स्कूलों को शिक्षा का अधिकार अधिनियम लागू होने के

बाद मान्य समझा गया है, यदि वे अधिनियम में वर्णित निर्धारित मानदंडों को पूरा नहीं करते हैं तो वे तीन वर्ष की अवधि के भीतर स्वयं को इसके पूर्ण योग्य कर लेंगे।

(iii) सरकारी स्कूल में इन मानदंडों के अनुपालन की जिम्मेदारी सरकार की होगी और अन्य स्कूलों में उनके प्रबंधन तंत्र की।

(iv) यदि सरकारी या पूर्ण सहायता प्राप्त स्कूल के अतिरिक्त कोई अन्य स्कूल निर्धारित समय सीमा के भीतर मानदंडों के पालन में विफल रहता है तो सक्षम अधिकारी ऐसे स्कूल की मान्यता रद्द कर सकते हैं। ऐसी स्थिति में उस स्कूल के बच्चों को पड़ोस के स्कूल में आगे की पढ़ाई के लिए दाखिला देने के लिए सक्षम अधिकारी दिशा-निर्देश दे सकते हैं।

(v) मान्यता रद्द होने का आदेश पारित होने के बाद संबद्ध स्कूल नहीं चलाया जा सकेगा।

अनुसूची में संशोधन

इस अनुसूची में संशोधन की शक्ति राष्ट्रीय प्राथमिक शिक्षा आयोग में निहित होगी। वह केंद्र और संबद्ध सरकार से परामर्श करके किसी भी समय इस अनुसूची में आंशिक तौर पर राष्ट्रीय परिप्रेक्ष्य में संशोधन कर सकता है।

शिक्षकों की तैनाती

सरकारी या पूर्ण सहायता प्राप्त स्कूल के अध्यापकों को गैर शैक्षिक उद्देश्य के लिए तैनात नहीं किया जा सकेगा। हाँ, जनगणना, चुनाव और आपदा राहत के कार्यों में लगाया जा सकता है।

निजी ट्यूशन का निषेध

कोई शिक्षक आर्थिक लाभ के लिए किसी शैक्षिक गतिविधि में शामिल नहीं होगा।

स्कूल प्रबंधन समितियाँ

(i) सरकारी व सहायता प्राप्त स्कूलों में एक स्कूल प्रबंध समिति (स्कूल मैनेजमेंट कमिटी–एस.एम.सी.) बनाई जाएगी, जिसमें अभिभावक, शिक्षक और स्थानीय प्रतिनिधि शामिल होंगे।

(ii) इस समिति में तीन–चौथाई सदस्य अभिभावकों में से लिये जाएँगे,

जिनमें अनुसूचित जाति, अनुसूचित जनजाति और अन्य समुदायों का उचित प्रतिनिधित्व आदि में से लिये जाएँगे।

(iii) संबद्ध सरकार या स्थानीय प्राधिकरण हरेक स्कूल की भौतिक संपत्ति, जिसमें इसकी इमारत, जमीन, फर्नीचर आदि शामिल होगा, अधिनियम लागू होने के तीन महीने के भीतर स्कूल प्रबंधन समिति को स्थानांतरित कर दे।

स्कूल प्रबंधन समिति के कार्य

(क) स्कूल के कामकाज, इसकी योजनाओं की निगरानी करेगी और इसके विकास का ध्यान रखेगी।

(ख) स्कूल की परिसंपत्ति का प्रबंधन।

(ग) यह सुनिश्चित करेगी कि अध्यापकों को सौंपे गए कार्य वे पूरे कर रहे हैं अथवा नहीं।

(घ) संबद्ध सरकार/स्थानीय प्राधिकरण से प्राप्त अनुदान से शिक्षकों को वेतन देना या अनाधिकृत अनुपस्थिति की अवधि का वेतन काटना।

(ङ) अतिरिक्त अनुदान को स्कूल के विकास और रख-रखाव के लिए खर्च करना।

(च) वे अन्य कार्य करना, जो इस अधिनियम के तहत उसके लिए तय किए गए हों।

स्कूल प्रबंधन समिति को उसके कार्यों के निर्वहण के लिए प्राप्त धन को एक अलग खाते में रखा जाएगा तथा जो नियम तय किए गए हैं उन्हीं के अनुरूप खर्च किया जाएगा। स्कूल प्रबंधन समिति प्राप्त धन का रख-रखाव और लेखा परीक्षा कराएगी।

अध्यापकों की भरती

(i) इस अधिनियम के लागू होने के बाद खास वर्ग के सरकारी स्कूलों

को छोड़कर अन्य सरकारी स्कूलों के लिए शिक्षकों की भरती संबद्ध सरकार की अधिसूचना पर स्थानीय प्राधिकरण या स्कूल प्रबंधन समिति द्वारा की जाएगी और फिर उन्हें वहाँ से स्थानांतरित नहीं किया जाएगा।

(ii) शिक्षकों की भरती पारदर्शी तरीके और योग्यता आधारित मापदंडों के आधार पर की जाएगी।

(iii) उक्त अधिनियम के लागू होने के समय सभी शिक्षक यदि पहले से सेवारत हैं (खास सरकारी स्कूलों को छोड़कर) तो उन्हें खास सरकारी स्कूल में स्थायी रूप से नामित किया जाएगा। यह प्रक्रिया अधिकतम दो वर्षों में पूरी कर ली जाएगी।

(iv) सरकारी स्कूलों और पूर्ण सहायता प्राप्त स्कूलों में शिक्षकों की रिक्तियाँ कुल संख्या से 10 प्रतिशत से अधिक नहीं होनी चाहिए। यह ध्यान रखने का दायित्व नियुक्ति प्राधिकारी का होगा।

(v) सरकार और अन्य अधिकारियों को यह सुनिश्चित करना होगा कि ग्रामीण इलाकों की कीमत पर शहरी इलाकों में जरूरत से ज्यादा नियुक्तियाँ न की जाएँ।

(vi) शिक्षकों की सेवा के नियम व शर्तों को संबद्ध सरकार की सलाह पर समय-समय पर अद्यतन किया जाएगा।

शिक्षकों के कर्तव्य

(i) शिक्षक समय पर नियमित स्कूल आएँ और नियत समय तक रुकें।

(ii) तय सिद्धांतों के अनुसार पाठ्यक्रम पूरा करना।

(iii) बच्चों की गैर-हाजिरी पर उसके बारे में उसके माता-पिता या अभिभावकों को सूचना देनी चाहिए। इसके बारे में स्कूल प्रबंधन समिति को भी रिपोर्ट देनी चाहिए।

(iv) प्रत्येक बच्चे के सीखने के स्तर का मूल्यांकन नियमित करें और जरूरत होने पर बच्चे को अतिरिक्त अनुदेश दें।

(v) प्रत्येक माता-पिता या अभिभावक को उसके बच्चे की शिक्षा एवं विकास के बारे में नियमित रूप से सूचित किया जाए और निर्धारित तरीके से स्कूल प्रबंधन समिति को भी इसके बारे में प्रगति रिपोर्ट प्रेषित की जाए।

(vi) अपने कर्तव्य के प्रति लापरवाही बरतनेवाले या पेशेवर कदाचार

में लिप्त पाए जानेवाले शिक्षक पर अधिनियम के अनुसार अनुशासनात्मक कार्रवाई की जाएगी।

शिक्षकों की शिकायत का निबटारा

शिक्षकों की शिकायत का निबटारा स्कूल प्रबंधन समिति या स्थानीय प्राधिकारी करेंगे। यदि शिकायत उनके अधिकार-क्षेत्र से बाहर की होगी तो उसे आगे भेजने की जिम्मेदारी उनकी होगी।

बच्चों की सुरक्षा के लिए अध्यापक क्या करें?

बच्चे कहीं भी हिंसा, दुरुपयोग, अपराध और शोषण के शिकार हो सकते हैं। शोषण की कुछ घटनाएँ स्कूल परिसर में जबकि अधिकतर घटनाएँ घर या गैर-स्कूली वातावरण में होती हैं। स्कूल परिसर के बाहर आपकी कक्षा का एक बच्चा शोषण या अपराध का शिकार हो सकता है। इससे आप अनजान नहीं रह सकते, बल्कि आप उसकी मदद करें। यह तभी संभव हो सकता है जब आप इन समस्याओं को समय निकालकर उसे समझें और इसका हल निकालें।

हमेशा यह याद रखें कि स्कूल परिसर के बाहर आपका बच्चों के प्रति कर्तव्य खत्म नहीं हो जाता। आपकी सकारात्मक मध्यस्थता से स्कूल में नामांकन लेने से वंचित रहनेवाले बच्चे की जिंदगी बदल सकती है। इसके लिए आप अपने आपको तैयार करें, उनकी समस्या को समझें और सोचें कि आप उनके लिए क्या कर सकते हैं।

एक बार यदि आप इस समस्या के समाधान के लिए मानसिक रूप से तैयार हो जाते हैं और उनकी समस्या के समाधान के लिए अपने-आपको सुसज्जित

कर लेते हैं तो आप ऐसे बहुत सारे कार्य कर सकेंगे जो आपने कभी सोचा भी नहीं होगा।

प्रिय अध्यापक बनें

• अच्छे श्रोता बनें। पाठशाला या घर में बच्चों द्वारा सामना किए जा रहे विभिन्न मुद्दे या समस्याओं को सुनें और उनके साथ बातचीत करें।

• बच्चों को ऐसी बातों को कहने के लिए प्रोत्साहित करें, जो उनके जीवन को प्रभावित करती हैं।

• प्रभावी सहभागिता के माध्यम से बच्चों की क्षमता को बढ़ाएँ।

• स्कूल अधिकारियों के साथ बच्चों की बैठकें आयोजित करें।

• अभिभावक-शिक्षक संघ की बैठक में माता-पिता के साथ बच्चों के अधिकार मुद्दे पर चर्चा करें।

• शारीरिक दंड को नहीं (ना) कहें, अर्थात् रोकें। बच्चों में अनुशासन लाने के लिए वार्त्तालाप और सलाह जैसे सकारात्मक सहायक तकनीक का इस्तेमाल कीजिए।

• भेदभाव को रोकिए या उसे नहीं (ना) कहें। अल्पसंख्यक एवं अछूत समूह के बच्चों तक पहुँचने के लिए असरदार कदम उठाएँ।

• बच्चों के अधिकारों को मानव अधिकार के रूप में समझें और इस तरह का जागरूकता अभियान समाज में अच्छी तरह चलाएँ।

• बच्चों में यह महसूस कराएँ कि उनका अपनी कक्षा में प्रतिदिन जाना जरूरी है।

• सीखने के लिए हमेशा तैयार रहें।

• बच्चों के दोस्त, दार्शनिक और मार्गदर्शक बनें।

• अपने घर और कार्यस्थल पर बाल-श्रम को रोकें।

• लोकतांत्रिक बनें, लेकिन बनावटी या असंरचित नहीं।

• ऐसी व्यवस्था करें कि बच्चे स्कूल के साथ समाज में भी सुरक्षित रहें। जरूरत पड़े तो पुलिस को बुलाएँ और कानूनी कार्रवाई करें।

• बच्चों को अपने विचार बड़ों और समाज के समक्ष प्रकट करने के लिए प्रोत्साहित करें।

• किसी कार्यक्रम के आयोजन में बच्चों को शामिल करें। उन्हें कुछ

जिम्मेदारी दें और उसी समय उनका मार्गदर्शन भी करें।

• बच्चों को नजदीकी पर्यटन-स्थल और मेले की यात्रा पर ले जाएँ।

• बच्चों को विचार-विमर्श/वाद-विवाद/ज्ञान परीक्षण और अन्य मनोरंजक गतिविधियों में व्यस्त रखें।

• कक्षा में सृजनात्मक गतिविधियों के माध्यम से लड़कियों की पढ़ाई-लिखाई और सहभागिता को बढ़ावा दें।

• स्कूल छोड़नेवाले या अनियमित रूप से स्कूल आनेवाली लड़कियों पर ध्यान रखें, ताकि वे इसे दोबारा न दोहराएँ।

• सभी शिक्षक बच्चों के लिए सुरक्षात्मक वातावरण बनाने और सुदृढ़ करने में मदद कर सकते हैं।

• आपका अनुभव या जाँच महत्त्वपूर्ण है, क्योंकि वह अकेला आपकी कक्षा में बच्चों की वृद्धि एवं विकास के मूल्यांकन में मदद करेगा। यदि कोई समस्या देखते हैं तो आपको यह पता लगाना चाहिए कि इसका असली कारण क्या हो सकता है।

• आपको अपने आपसे अगला प्रश्न यह पूछना चाहिए कि कहीं बच्चे अपने परिवार, रिश्तेदार या दोस्त के दबाव में तो नहीं हैं?

• बिना कुछ थोपे, तिरस्कार और परेशानी उत्पन्न किए हुए बच्चों के साथ कुछ समय बिताएँ।

• बच्चों को रेखाचित्र या पेंटिंग बनाकर, कहानी लिखकर आपको या स्कूल के मार्गदर्शक/सामाजिक कार्यकर्ता या अपने दोस्त को अपनी समस्या कहने में उसकी मदद करें।

• बच्चों की कक्षा को रुचिकर एवं सूचनापरक बनाएँ। एकल संचार पद्धति से दूर रहें तथा बच्चों को अपने संदेह और अपनी बात या प्रश्न कहने का पूरा अवसर दें।

• दुर्व्यवहार, उपेक्षा, सीखने की अव्यवस्थित पद्धति और अन्य नहीं दिखनेवाली अयोग्यता को पहचानें और स्वीकार करना सीखें।

• ऐसे स्थानों पर जहाँ बच्चे अपने विचार, मनोव्यथा, पीड़ा, डर आदि प्रकट करते हों, वहाँ उनके साथ आत्मीय संबंध स्थापित करें। बच्चों के साथ अनौपचारिक बातचीत के माध्यम से व्यस्त रहने की कोशिश कीजिए।

• काम करनेवाले, यौन शोषण के शिकार, फुटपाथ पर रहनेवाले बच्चे, घरेलू हिंसा या मादक द्रव्यों के शिकार बच्चे, किसी अपराध के लिए मुकदमा

का सामने कर रहे बच्चे या बहलाकर लाए गए बच्चों के प्रति आपके मन में पहले से बैठी धारणा एवं भेदभाव-जनित व्यवहारों को रोकें।

बच्चों के लिए सुरक्षात्मक वातावरण के निर्माण और उसे सशक्त करने के लिए बहुत सारे स्तर पर सहभागिता की जरूरत होती है। इसके लिए पारस्परिक विश्लेषण के आधार पर बातचीत, सहभागिता और समन्वय की जरूरत होती है। इसके सारे तत्त्व–मूलभूत सेवाओं में सुधार, निरीक्षण परिणाम और व्यक्ति को उसके क्षेत्र के कलाकार या नेता के रूप में पहचान करने जैसे पारंपरिक विकास गतिविधियों से संबंधित होता है।

बच्चों के लिए चल रही सरकारी योजनाओं और उन्हें क्या देना है, इस बारे में शिक्षकों को जागरूक होना चाहिए। ऐसे बच्चों और परिवारों की खोज की जाए, जिन्हें सरकारी सहायता की जरूरत हो और किसी उपलब्ध सरकारी योजना के माध्यम से उनकी सहायता की जाए। ऐसे बच्चों और परिवारों की सूची प्रखंड/तालुका/मंडल पंचायत सदस्य आदि को सीधे दी जा सकती है। बच्चों की रक्षार्थ आप निम्न व्यक्तियों से संपर्क कर सकते हैं–

- नर्स
- पुलिस
- अपनी पंचायत/नगर निगम प्रमुख/सदस्य
- आँगनवाड़ी सेविका
- जिलाधीश या जिला कलेक्टर
- नजदीकी बाल कल्याण समिति
- आपके क्षेत्र का चाइल्ड लाइन संगठन
- प्रखंड/तालुका/मंडल और जिला पंचायत सदस्य
- प्रखंड विकास पदाधिकारी या प्रखंड विकास एवं पंचायत अधिकारी
- सामुदायिक विकास पदाधिकारी या सामुदायिक विकास एवं पंचायत अधिकारी।

4

शिक्षा की प्रक्रिया और सामग्री

जिसने ज्ञान को आचरण में उतार लिया, उसने ईश्वर को मूर्तिमान कर लिया।

–विनोबा भावे

शिक्षा का अधिकार अधिनियम के अंतर्गत शिक्षा की प्रक्रिया और सामग्री के लिए कुछ दिशा–निर्देश तय किए गए हैं। पाठ्यक्रम और मूल्यांकन की प्रक्रिया तय करने के लिए मुख्य सिद्धांत निम्नलिखित हैं–

(i) सक्षम अकादमिक प्राधिकारियों की यह जिम्मेदारी है कि वे संविधान में निहित मूल्यों के अनुरूप पाठ्यक्रम का निर्माण करें।

(ii) सभी स्कूल बाल–मित्रवत् बाल–केंद्रित ढंग से चलेंगे।

(iii) जो बच्चे स्वयं से जुड़े मुद्दों को व्यक्त करने में सक्षम हों उन्हें उनके बारे में बोलने की आजादी दी जाए और उपयुक्त पाए जाने पर उन्हें अध्ययन की प्रक्रिया में शामिल किया जाए।

(iv) बच्चे का पूर्ण मानसिक, शारीरिक, सांस्कृतिक और भाषाई विकास किया जाए। उसके व्यक्तित्व और प्रतिभा का सर्वांगीण विकास हो।

(v) जहाँ तक संभव हो, प्राथमिक स्तर पर पाँच वर्ष तक बच्चे को उसकी मातृभाषा में पढ़ाया जाए। इस दौरान उसे भय–मुक्त वातावरण में विभिन्न गतिविधियों, खोज, पहेलियों आदि के माध्यम से पढ़ाया जाए।

(vi) बच्चों को वैसे ही पढ़ाया जाए जैसे वे सीख सकते हों। वैसा ही माहौल दिया जाए जो उनके अनुकूल हो, जिसमें वे सीख सकें।

प्रारंभिक या प्राथमिक शिक्षा का प्रमाण-पत्र

(i) प्राथमिक स्तर पर पढ़ाई के दौरान किसी भी बच्चे की परीक्षा नहीं ली जाएगी, जब तक वह स्तर पूरा न कर लिया जाए।

(ii) प्राथमिक स्तर पर पढ़ाई पूरी करने के बाद परीक्षा आयोजित होगी और बच्चों को संबंधित स्कूल प्रमाण-पत्र प्रदान करेगा।

शारीरिक दंड पर रोक

(i) स्कूल में किसी भी बच्चे को शारीरिक दंड नहीं दिया जा सकेगा।

(ii) इस नियम का उल्लंघन करनेवाला शिक्षक पेशेवर कदाचार का दोषी पाए जाने पर नियमानुसार सजा का पात्र होगा।

शिक्षक प्रशिक्षण

(i) शिक्षकों को एन.सी.टी.ई. होना जरूरी है, साथ ही शिक्षण आरंभ करने से पहले उनके लिए प्रशिक्षण कार्यक्रम चलाया जाएगा।

(ii) यह संबद्ध सरकार और स्कूल प्रबंधन समिति की जिम्मेदारी होगी कि वे शिक्षकों के लिए नियमित सक्षम प्रशिक्षण कार्यक्रम चलवाएँ, जिससे कि वे प्राथमिक स्तर पर बच्चों को शिक्षित करने की अपनी जिम्मेदारी का शिक्षा के अधिकार अधिनियम की आत्मा के अनुरूप निर्वहण कर सकें।

(iii) सभी शिक्षकों को अद्यतन प्रशिक्षण के लिए सदैव प्रोत्साहित करना चाहिए।

शारीरिक दंड

'छड़ी को छोड़ो और बच्चों को बिगाड़ो', यह अधिकांश अभिभावकों की मान्यता है। वे युवा, जो अपने माता-पिता और शिक्षक से पिटाई खाते हैं, हमेशा यह समझते हैं कि ऐसा करना उनका अधिकार है। वे प्रायः उस सदमे को भूल जाते हैं, जिससे वे छोटे थे तब उन्होंने कितने प्रकार के दंड भुगते हैं।

बच्चों में अनुशासन लाने के लिए शारीरिक दंड को ही सही मानदंड माना जाता है। बच्चे अपने माता-पिता और शिक्षकों से मार खाते ही रहते हैं। लगभग सभी स्कूलों में छात्रों को शारीरिक दंड दिया जाता है, जिसके कई कारण होते हैं। इसके अलावा, अधिकांश माता-पिता भी अपने बच्चों की पिटाई करते हैं।

अनुशासन के नाम पर बच्चों की हड्डियों या दाँत टूट चुके हैं, उनके बाल खींचे गए हैं और उन्हें अपमानित कार्यों की ओर प्रवृत्त किया गया है।

शारीरिक दंड का उद्देश्य शक्ति के प्रयोग द्वारा बच्चों में सुधार लाना है, न कि उन्हें घायल करना।

शारीरिक दंड के प्रकार

- उठक-बैठक करवाना।
- कान पकड़कर खड़ा करना।
- कान मरोड़ना।
- बच्चों को घुटने पर खड़ा रखकर काम करवाना।
- बच्चों को बेंच पर खड़ा रखना।
- हाथों को ऊपर उठाकर खड़ा रखना।
- पेंसिल को मुँह से पकड़वाना और खड़ा रखना।
- दीवार की ओर मुँह करके खड़ा रखना।
- स्कूल बैग को सिर पर रखना।
- दिन भर धूप में खड़ा रखना।
- पैरों के नीचे से हाथों द्वारा कान पकड़वाना या मुर्गा बनाना।
- बच्चों के हाथ बाँधना।

भावनात्मक दंड

- कुछ दिनों के लिए स्कूल आने से रोक देना।
- पीठ पर पेपर चिपकाकर उस पर लिख देना कि 'मैं मूर्ख हूँ', 'मैं गधा हूँ' इत्यादि।
- प्रत्येक कक्षा में से ले जाकर अपमानित करना।
- लड़कों की कमीज उतारना।
- लड़का व लड़की को एक-दूसरे से थप्पड़ मरवाना।
- गाली-गलौज करना, भला-बुरा कहना और अपमानित करना।
- स्कूल के मैदान में चक्कर लगवाना।
- कक्षा के पीछे खड़ा करके गृहकार्य पूर्ण करने को कहना।

नकारात्मक सजा

- क्लास रूम में फर्श पर बैठाना।
- परिसर की साफ-सफाई करवाना।
- खेल-मैदान या बिल्डिंग के चारों ओर चक्कर लगवाना।

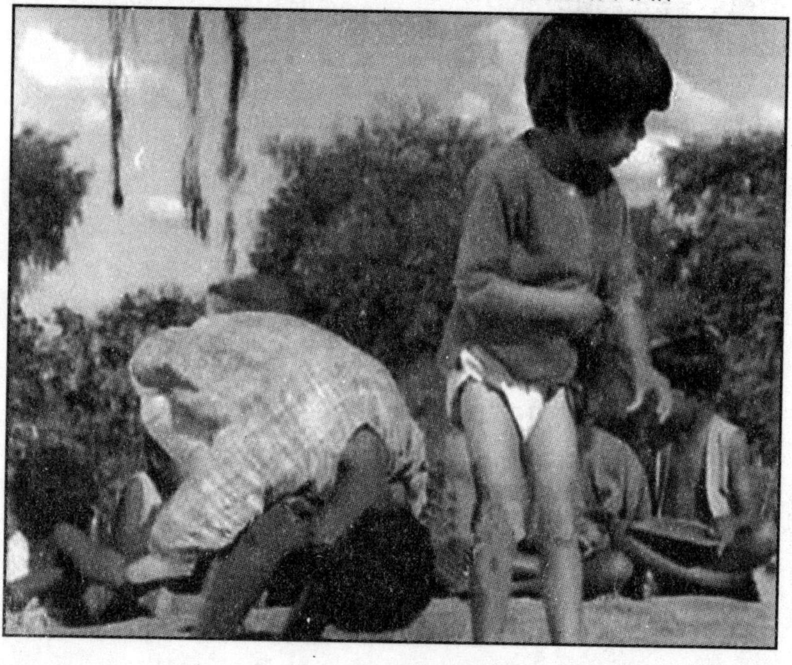

- प्राचार्य के पास भेजना।
- शिक्षक के आने तक उन्हें खड़ा रखना।
- स्कूल से निकालने की धमकी देना।
- परीक्षा में प्राप्तांक को कम करना।
- तीन दिन स्कूल देर से आने पर उपस्थिति रजिस्टर में एक दिन की अनुपस्थित मानना।
- अत्यधिक पाबंदी लगाना।
- जुर्माना लेना।
- वर्ग में आने से रोकना।
- एक घंटे, एक दिन, एक सप्ताह या महीने भर क्लास में फर्श पर बैठाना।
- अनुशासनिक चार्टों पर काले चिह्न अंकित करना।
- मौखिक रूप से चेतावनी देना या डायरी में शिकायत लिखना।
- खाली समय और मध्याह्न भोजन के समय बाहर जाने से रोकना।
- अँधेरे कमरे में बंद करना।
- माता-पिता को स्कूल बुलाना या उनसे स्पष्टीकरण पत्र-मँगवाना।
- बच्चों को घर वापस भेजना या फिर उन्हें स्कूल गेट के बाहर खड़ा रखना।

शारीरिक दंड से हानि

इस तरह का शारीरिक दंड बच्चों के कोमल मन में नकारात्मक मनोविकार पैदा करता है, जो बच्चों को चिड़चिड़ा बना देता है। साथ ही उसके मन में आक्रोश और डर की भावना घर कर जाती है।

इस तरह के दंड बच्चों के मन में क्रोध, निराशा और अपने आपको नीचा देखने की भावनाओं को उत्पन्न करता है। इसके अलावा, बच्चे अपने आपको बेसहारा और अपमानित समझने लगते हैं। इस कारण वे अपनी क्षमता और स्वाभिमानता खोने लगते हैं। इस वजह से वे अपने आपको अलग-थलग रखते हैं तथा उद्दंड व्यवहार करते हैं। इस वजह से बच्चे अपनी उलझनों का समाधान हिंसा और बदला लेना ही समझते हैं।

बच्चे अकसर बड़ों की नकल करते हैं। बड़ों के हिंसात्मक व्यवहार को देखकर बच्चे भी अपनी उलझनों के समाधान के लिए हिंसात्मक व्यवहार को अपनाते हैं और गलती महसूस नहीं करते। कभी-कभी बच्चे अपने माता-पिता पर ही आक्रामक हो जाते हैं या अध्यापक से भी बदला लेना चाहते हैं। जो बच्चे बचपन में शारीरिक दंड के शिकार होते हैं वे ही ज्यादातर बड़े होकर अपने सहकर्मी या दोस्तों के साथ मार-पीट करते हैं।

शारीरिक दंड बच्चे को अनुशासन में लाने का बहुत ही प्रभावहीन तरीका है, जो शायद ही बच्चे को प्रोत्साहित करता है। यह बच्चे के विकास में अच्छे असर डालने की बजाय बुरे असर ही डालता है। यह अत्यंत खतरनाक भी है।

सच में, यह बच्चों पर बहुत ही उलटा असर पैदा करता है। बहुत से रास्ते में भटकनेवाले और मजदूरी करनेवाले बच्चों से, उनके स्कूल से भाग निकलने का या अपने परिवार से अलग हो जाने का या घर से भाग जाने का कारण पूछने पर इस तरह के शारीरिक दंड को ही मुख्य कारण बताते हैं।

बच्चों को अनुशासित करना हमारा कर्तव्य है; परंतु इस क्रम में हमें उनके सामाजिक विकास और साझेदारी के हक पर अतिक्रमण नहीं करना चाहिए। असल में, हर सामाजिक गतिविधियों में शामिल होने का हक ही उन्हें अनुशासित बनाता है। कोई भी धर्म या कानून शारीरिक दंड की अनुमति नहीं देता है।

किसी भी परिस्थिति में बच्चों को काबू में लाने का कोई मार्ग नहीं मिले तो उन्हें शारीरिक दंड के माध्यम से काबू में लाने का हक किसी को नैतिक या कानूनी तौर पर नहीं है।

- अनुशासन एक भावना है।
- अनुशासन एक जिम्मेदारी है।
- अनुशासन सिखाया नहीं जाता, बल्कि सीखा जाता है।
- अनुशासन एक आंतरिक अनुभूति है, उसे थोपने का प्रयत्न करना एक बाहरी प्रयास है।

बच्चों पर परीक्षा का बोझ

"परीक्षा का खौफ, तड़पता स्टूडेंट, शैतानी किताबें, भागो रिजल्ट आया, नींद की मौत, प्यासा सवाल मैथ का, श्शश रिजल्ट आने वाला है।" पिछले दिनों यह जोक अखबार में छपा था; लेकिन परीक्षा की यही सच्चाई है।

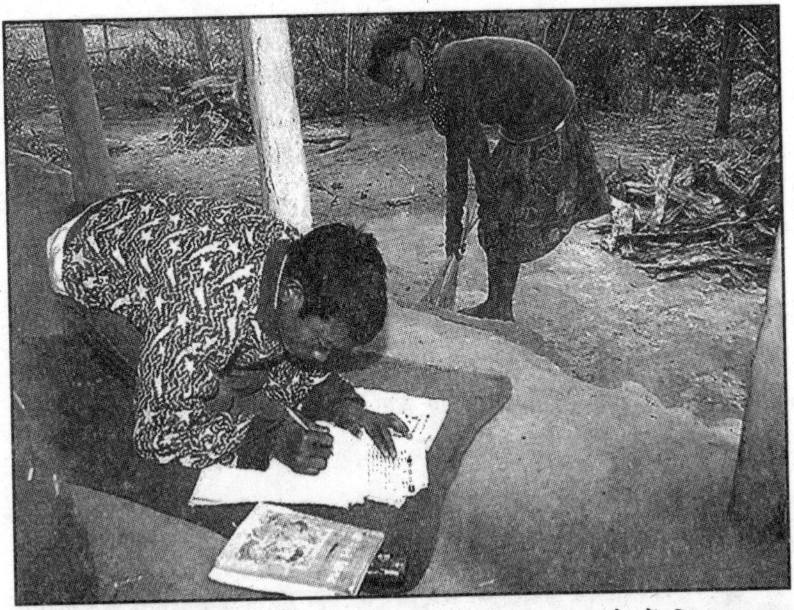

भारतीय शिक्षा-प्रणाली ने सारी दुनिया को इस मामले में जिज्ञासु बना दिया है कि हम किस तरह के योग्य व्यक्ति पैदा कर रहे हैं। इसका परिणाम यह हुआ है कि बहुत से भारतीय पंडित वैज्ञानिक, इंजीनियर और अन्य क्षेत्र के पेशेवर पाश्चात्य देशों में बस गए हैं और अपनी मेहनत व लगन की बदौलत अपनी योग्यता सिद्ध कर रहे हैं। प्रतियोगी शिक्षा-प्रणाली के साथ कड़ा अनुशासन ही सफलता का मूल कारण है। सभी माँ-बाप अपने बच्चों को उन विद्यालयों में भेजना चाहते हैं, जहाँ अच्छा नतीजा निकलता है।

इसमें कोई शक नहीं कि भारत दुनिया भर में कुशाग्र बुद्धिवाले उम्मीदवार पैदा करता है, परंतु क्या इसका श्रेय आजकल के विद्यालयों को जाता है या शिक्षा-प्रणाली को या उन कुछ गिने-चुने बच्चों को जो अपने पारिवारिक, सामाजिक दबाव की परवाह न करते हुए अपने आपको मानसिक तौर से बहुत मजबूत बना लेते हैं। कठोर प्रतियोगी परीक्षा का दबाव, अपने बच्चों एवं विद्यार्थियों से बढ़ती आशाएँ, बच्चों से अच्छे परिणाम प्राप्त करना सभी विद्यालय एवं अध्यापकों की ख्याति का एकमात्र माध्यम बन गया है। बच्चों में इन बढ़ते दबाव का सामना करने में असमर्थता की वजह से ही उनमें अवसाद की भावना उत्पन्न हो रही है और उसके फलस्वरूप वे आत्महत्या जैसे कदम उठाते हैं। इस कारण योग्य युवाओं का धीरे-धीरे अंत हो रहा है और यदि हमने समय रहते इस तथ्य पर ध्यान नहीं दिया तो आनेवाले समय में बहुत से योग्य युवकों को गँवा बैठेंगे।

इसमें कोई संदेह नहीं कि हर माता-पिता अपने बच्चे को अच्छे विद्यालयों में पढ़ाना चाहते हैं, जहाँ बच्चों के नतीजे बेहतर हों। लेकिन किसी ने पढ़ाईवाले उन बच्चों से पूछा कि क्या वे उस माहौल में खुश हैं या नहीं? कोई माता-पिता अपने बच्चों को खोना नहीं चाहता है। इसमें यह स्पष्ट है कि इस विषय में बच्चों के माता-पिता को भी सलाह की जरूरत है। यदि स्कूलों में इस तरह का दबाव जारी रहा, सभी माँ-बाप सिर्फ यह जानते रहे कि उनके बच्चे कक्षा में कितना अच्छा या बुरा कर रहे हैं; यदि अध्यापक बच्चों के भावनात्मक या मानसिक संवेदनाओं की कद्र किए बिना एक बच्चे से दूसरे बच्चे की तुलना करते रहे तो इस तरह की स्थिति को बदलने में कुछ भी नहीं किया जा सकता है। इसके लिए पहले विद्यालयों में कदम उठाए जाने की जरूरत है और शायद बच्चों के साथ उनके माता-पिता को भी सलाह दी जानी चाहिए।

विकलांग बच्चों के बारे में 10 संदेश

1. विकलांग बच्चों के बारे में पूर्वाग्रह-युक्त नकारात्मक धारणा को रोकें। इसके अंतर्गत विकलांग बच्चों के लिए दुर्बल, अपंग, अपाहिज शब्द के बदले शारीरिक रूप से विकलांग या चलने-फिरने में अक्षम बच्चे, व्हील चेयर प्रयोग करनेवाले बच्चे, बहरे या गूँगे बच्चे, ऐसे बच्चे जो बोलने या सुनने में

अक्षम हों और मानसिक रूप से अक्षम बच्चे के लिए 'रिटार्डेड' शब्द प्रयोग किया जा सकता है।

2. सामान्य बच्चों के समान ही विकलांग बच्चों के प्रति भी समान व्यवहार करें। उदाहरण के तौर पर, एक विकलांग विद्यार्थी बिना किसी परेशानी के किशोर लड़के को पढ़ा सकता है। विकलांग बच्चों को सामान्य बच्चों के साथ अधिक-से-अधिक बातचीत एवं मेल-जोल रखना चाहिए।

3. विकलांग बच्चों को खुद के बारे में तथा अपनी सोच और अपने अनुभव को व्यक्त करने की अनुमति दें। विकलांग और सामान्य को किसी एक परियोजना पर लगाएँ, उन दोनों के बीच पारस्परिक सहभागिता को प्रोत्साहित करें।

4. बच्चों का ध्यानपूर्वक निरीक्षण करें और उनकी विकलांगता को पहचानें। यदि शुरुआत में बच्चों में विकलांगता की रोकथाम की जाए तो इसका असर कम रह जाता है।

5. जिन बच्चों में विकलांगता की पहचान हो गई हो, उन्हें आवश्यक और विकासकारी जाँच तथा प्रारंभिक स्तर पर बचाव के लिए भेजें।

6. विकलांग बच्चों की जरूरतों के अनुकूल कक्षा, पाठ्य सामग्री तथा पाठ तैयार करें। इस हेतु पीड़ित बच्चों के लिए बड़े अक्षरों का प्रयोग करें इन्हें कक्षा में सबसे आगे बैठाएँ और कक्षा में इस तरह की व्यवस्था करें कि इस तरह के बच्चे आसानी से आ-जा और अपना कार्य कर सकें।

7. विकलांग बच्चों की खास जरूरतों के प्रति अभिभावकों, परिजनों और संरक्षकों में जागरूकता लाएँ। अभिभावकों को बैठक में तथा एक-एक कर इस बारे में बताएँ।

8. विकलांग बच्चे के माता-पिता को आसान तरीकों से इस समस्या का हल खोजने एवं बच्चों की जरूरतों को पूरा करने की प्रक्रिया के बारे में बताएँ। साथ ही, उन्हें विकलांग बच्चों के होनेवाले शोषण को रोकने के लिए धैर्य रखने में मदद करें।

9. विकलांग बच्चों के माता-पिता की कुंठा कम करने में सहोदर भाई-बहन और परिवार के अन्य लोगों का मार्गदर्शन करें।

10. विकलांग बच्चों के अभिभावकों को स्कूल तथा स्कूल के बाहर की गतिविधियों में सक्रिय रूप से शामिल करें।

5

कार्यान्वयन की निगरानी

ज्ञान एक खजाना है, लेकिन अभ्यास इसकी चाबी है। —***थॉमस फुलर***

निःशुल्क और अनिवार्य शिक्षा का अधिकार (आर.टी.ई.) अधिनियम के प्रावधानों पर नजर रखने के लिए बाल अधिकारों के संरक्षण के लिए राष्ट्रीय आयोग (एस.सी.पी.सी.आर.) को एजेंसी के रूप में नामित किया गया है। यह सुनिश्चित करने के लिए कि आर.टी.ई. अधिनियम सफलतापूर्वक ईमानदारी से लागू किया जाता है, एस.सी.पी.सी.आर. संस्थानों, सरकारी विभागों, नागरिक समाज और अन्य हितधारकों के बीच एक आम सहमति बनाने के लिए पहल करता है। वह शिक्षा के अधिकार के समुचित कार्यान्वयन के लिए योजना पर ध्यान केंद्रित करने के लिए एक विशेषज्ञ समिति गठित करेगा, जिसमें विभिन्न सरकारी विभागों के अधिकारी, शिक्षा के क्षेत्र में श्रेष्ठ काम करनेवाले और अनुभवी व्यक्ति शामिल होंगे।

इस समिति की बेहतर निगरानी को सुनिश्चित करने की योजना बनाने की जिम्मेदारी भी है। इसमें शिक्षा का अधिकार पर विशेष रूप से ध्यान केंद्रित करने के लिए एस.सी.पी.सी.आर. के भीतर एक अलग विभाग स्थापित करना भी शामिल है। यह संभाग दो आयुक्तों द्वारा समन्वित किया जाएगा और सभी गतिविधियों में स्वतंत्र कर्मचारियों द्वारा सहायता प्रदान की जाएगी। यह संभाग मानव संसाधन विकास मंत्रालय से संपर्क बनाएगा, जो इसे सहायता प्रदान करेगा।

मानव संसाधन विकास मंत्रालय के साथ बातचीत के तौर-तरीकों को स्थापित करना भी आवश्यक होगा, ताकि शिक्षा का अधिकार अधिनियम के

लागूकरण तथा निगरानी को सुनिश्चित करने के लिए वे मिलकर काम कर सकें।

सुझाई गई एक तीसरी रणनीति है राज्य के प्रतिनिधियों की नियुक्ति, जो विभिन्न राज्यों में एस.सी.पी.सी.आर. के 'आँखों और कान' के रूप में कार्य करेंगे। ये प्रतिनिधि नागरिक समाज के सदस्य होंगे, जिन्हें शिक्षा के क्षेत्र में अनुभव होगा और संबंधित राज्यों में अधिनियम के कार्यान्वयन की स्थिति के बारे में एन.सी.सी.सी.आर. को जानकारी प्रदान करेंगे। वे अपने राज्यों से प्राप्त शिकायतों के फॉलोअप में भी मदद करेंगे।

इसमें अधिक-से-अधिक समन्वय और तालमेल के लिए शिक्षा का अधिकार अधिनियम से प्रभावित होनेवाले अन्य मंत्रालयों, जैसे सामाजिक न्याय और अधिकारिता, श्रम मंत्रालय, आदिवासी मामलों के मंत्रालय तथा पंचायती राज मंत्रालय के अधिकारियों के साथ बैठकें करना भी शामिल है। उदाहरण के लिए, आर.टी.ई. अधिनियम का बाल श्रम अधिनियम पर विशेष प्रभाव पड़ता है और श्रम मंत्रालय को निभाने के लिए एक भूमिका है। इसी प्रकार, जनजातीय कार्य मंत्रालय द्वारा चलाए जा रहे स्कूल भी आर.टी.ई. के दायरे में आएँगे। इस प्रकार, आर.टी.ई से बच्चों के लाभान्वित होने के लिए यह महत्त्वपूर्ण है कि एस.सी.पी.सी.आर. और इन मंत्रालयों के बीच आसान समन्वय और संचार हो।

शिक्षा का अधिकार की बेहतर निगरानी के लिए बेहतर संबंध बनाने के

लिए एस.सी.पी.सी.आर. अन्य राष्ट्रीय आयोगों जैसे महिलाओं के लिए राष्ट्रीय आयोग, अनुसूचित जातियों और अनुसूचित जनजातियों के लिए राष्ट्रीय आयोग के प्रतिनिधियों के साथ समय-समय पर मुलाकात करेगा। उदाहरण के लिए, यह सुनिश्चित करने के लिए कि अभावग्रस्त समुदायों के लड़के या लड़कियाँ शिक्षा के अधिकार से वंचित न रह जाएँ, आयोग एक साथ कैसे काम कर सकते हैं। एस.सी.पी.सी.आर. द्वारा आयोजित सुनवाई में संबंधित आयोग से एक प्रतिनिधि भी जूरी में शामिल किया जा सकता है, ताकि प्रभाव को और मजबूत किया जा सके।

अधिनियम के प्रावधानों और निगरानी के लिए देश के विभिन्न भागों से शिक्षा के क्षेत्र में काम करनेवाले नागरिक समाज के प्रतिनिधियों के साथ परामर्श किया जाता है।

हालाँकि अधिनियम के बेहतर कार्यान्वयन और निगरानी के लिए देश में अधिक-से-अधिक इतनी जागरूकता हो, ताकि इसके प्रावधान समझे जाएँ और सभी संस्थाओं द्वारा शामिल किए जाएँ। ऐसा करने के लिए बहुत बड़े पैमाने पर एक प्रचार अभियान शुरू करना होगा।

केंद्र सरकार इस अधिनियम के कार्यान्वयन की निगरानी के लिए प्राथमिक शिक्षा राष्ट्रीय आयोग (नेशनल कमीशन फॉर एलिमेंटरी एजुकेशन) के गठन की अधिसूचना जारी करेगा। यह आयोग इस अधिनियम में आवश्यक सुधारात्मक उपायों की सिफारिश करेगा।

प्राथमिक शिक्षा राष्ट्रीय आयोग का संघटन

(i) एक अध्यक्ष, जो शिक्षा के क्षेत्र में प्रतिष्ठित व्यक्ति होगा।

(ii) प्राथमिक शिक्षा के क्षेत्र में विशेषज्ञता रखनेवाला, बाल विकास/बाल अधिकार, वित्त और कानून का जानकार एक सदस्य।

(iii) शिक्षा-प्रबंधन के क्षेत्र में विशेषज्ञ एक सदस्य सचिव।

(iv) राष्ट्रीय आयोग के अध्यक्ष और सदस्यों की नियुक्ति राष्ट्रपति एक समिति की सिफारिश पर करेंगे। इस समिति में प्रधानमंत्री, लोकसभा अध्यक्ष, मानव संसाधन विकास मंत्री और दोनों सदनों के विपक्ष के नेता शामिल होंगे।

आयोग के कर्तव्य

(i) प्राथमिक शिक्षा की गुणवत्ता के साथ उसके सभी पहलुओं की निगरानी।

(ii) अधिनियम के लोकपाल की हैसियत से कार्य करना और अभिभावकों तथा नागरिकों की प्राथमिक शिक्षा से जुड़ी शिकायतों का निबटारा करना।

(iii) प्राथमिक शिक्षा से जुड़े मुद्दों और अधिनियम के कार्यान्वयन की यथास्थिति से संबद्ध वार्षिक रिपोर्ट को संसद् में प्रस्तुत करना।

(iv) अधिनियम के प्रभावी कार्यान्वयन हेतु केंद्र सरकार/संबद्ध सरकार/स्थानीय अधिकारियों को नीतिगत सलाह प्रदान करना।

(v) वंचित समूहों को प्रभावी शिक्षा-प्रणाली हेतु सर्वेक्षण और अनुसंधान करना तथा निष्कर्षों का सूचीकरण करना।

कार्यकाल

(i) अध्यक्ष और सदस्यों का कार्यकाल कार्यारंभ की तिथि से तीन से पाँच वर्ष का होगा। निम्न स्थिति में भी अध्यक्ष का कोई सदस्य पद पर नहीं

बना रह सकेगा–

(क) अध्यक्ष के मामले में उसके सत्तर वर्ष का होने के बाद।

(ख) किसी सदस्य के मामले में उसके पैंसठ वर्ष का होने के बाद।

(ii) अध्यक्ष या सदस्य राष्ट्रपति को किसी भी समय अपना हस्तलिखित इस्तीफा सौंप सकते हैं।

पद से हटाना

(i) अध्यक्ष की अध्यक्षता पर कदाचार सिद्ध होने पर राष्ट्रपति उसे पद से हटा सकते हैं।

(ii) अध्यक्ष या कोई सदस्य दिवालिया घोषित हो गया हो, दिमागी या शारीरिक कमजोरी के कारण दफ्तर जाने में असमर्थ हो, अदालत द्वारा दिमागी असंतुलित करार दिया गया हो या अपराधी घोषित कर दिया गया हो, ऐसी स्थिति में राष्ट्रपति उसे पद से हटा सकते हैं।

उपर्युक्त स्थिति में या मृत्यु हो जाने पर अध्यक्ष या सदस्यों की नई नियुक्ति की जाएगी और वे केवल शेष अवधि तक उस पद पर बने रहेंगे।

आयोग के कार्य-कलाप

(i) अध्यक्ष द्वारा तय समय पर आयोग हर तिमाही बैठक करेगा।

(ii) आयोग के सभी निर्णय बहुमत के आधार पर लिये जाएँगे। वोट बराबर होने की स्थिति में या अध्यक्ष की अनुपस्थिति में पीठासीन व्यक्ति निर्णायक मत डालेगा।

(iii) यदि किसी कारणवश अध्यक्ष बैठक में न आ सके तो सदस्यों में से सर्वानुमति से किसी का चुनाव किया जाएगा, वही बैठक की अध्यक्षता करेगा।

(iv) आयोग के सभी आदेशों और निर्णयों को सदस्य सचिव प्रमाणीकृत करेगा।

(v) सदस्य सचिव भारत सरकार के संयुक्त सचिव स्तर का अधिकारी होगा, जो आयोग का प्रशासनिक कामकाज सँभालेगा।

(vi) अध्यक्ष एवं सदस्य सरकारी कर्मचारी कहलाएँगे।

आयोग की शक्तियाँ

(i) आयोग को दीवानी न्यायालय की शक्तियाँ हासिल होंगी और वह किसी भी व्यक्ति को जाँच-पड़ताल के लिए बुला सकता है।

(ii) आयोग दस्तावेजों, साक्ष्यों, रिकॉर्डों आदि की पड़ताल कर सकता है।

(iii) आयोग किसी भी केस को मजिस्ट्रेट के पास आगे की कार्रवाई हेतु भेज सकता है।

(iv) आयोग किसी मुद्दे पर दिशा-निर्देश हेतु सर्वोच्च न्यायालय या उच्च न्यायालय में जा सकता है।

बाल-कल्याण समिति

इस कानून के अनुसार प्रत्येक राज्य सरकार को राज्य के प्रत्येक जिले या जिला-समूह में बालकों की देखभाल, सुरक्षा, इलाज, विकास एवं पुनर्वास के लिए एक या एक से अधिक बाल-संरक्षा एवं सुरक्षा समिति का गठन करना है। यह समिति जरूरतमंद बच्चों की मूलभूत जरूरत की व्यवस्था करेगी और उसके मौलिक अधिकारों की रक्षा करेगी।

समिति के समक्ष प्रस्तुत

कोई भी बालक, जिसे संरक्षा एवं सुरक्षा की जरूरत है, उसे समिति के समक्ष विशेष बाल पुलिस इकाई, निर्दिष्ट पुलिस अधिकारी, लोक सेवक, चाइल्ड लाइन संगठन, सरकार द्वारा मान्यता प्राप्त एवं पंजीकृत स्वयंसेवी संस्था, सामाजिक कार्यकर्ता या राज्य सरकार द्वारा अधिकृत कोई अन्य व्यक्ति या संस्थाएँ या स्वयं बालक/बालिका उपस्थित होकर अपनी बात कह सकता है।

घटना जानने के बाद बाल कल्याण समिति उस बच्चे को बाल सुधार गृह भेजने का निर्देश दे सकती है और उस मामले की त्वरित गति से जाँच के लिए किसी सामाजिक कार्यकर्ता या बाल कल्याण अधिकारी को अधिकृत कर सकती है।

जाँच के बाद यदि यह पाया जाता है कि संबंधित बालक का न तो परिवार और न ही कोई प्रत्यक्ष आधार है तो उसे बाल सुधार गृह या आश्रय

गृह में तब तक रखने के लिए कहा जा सकता है तब तक कि या तो उसके पुनर्वास के लिए कोई वैकल्पिक व्यवस्था नहीं हो जाती या फिर वह 18 वर्ष से अधिक का नहीं हो जाता।

कानूनी कार्रवाइयों का सामना कर रहे बच्चे

कानून से संघर्षरत बच्चे का मतलब है ऐसे बच्चे जिन पर किसी गैर-कानूनी कार्य को करने का अपराध है।

बाल-न्याय बोर्ड

प्रत्येक राज्य सरकार राज्य के प्रत्येक जिले या जिला-समूह में बालकों की देखभाल, सुरक्षा, इलाज, विकास एवं पुनर्वास के लिए एक या अधिक बाल संरक्षा एवं सुरक्षा समिति का गठन करे ताकि कानून से संघर्षरत बच्चे को जमानत दी जा सके और उस बच्चे के हित में उस मामले का निपटारा किया जा सके।

6

राष्ट्रीय बाल अधिकार संरक्षण आयोग

पठन तो मस्तिष्क को केवल ज्ञान की सामग्री उपलब्ध कराता है; यह तो चिंतन है, जो पठित चीज को अपना बना देता है। **–जॉन लॉक**

अधिनियम के अंतर्गत आयोग के निम्नलिखित दायित्व हैं–

(क) किसी विधि के अधीन बच्चों के अधिकारों के संरक्षण के लिए सुझाए गए उपायों की निगरानी व जाँच करना, जो उनके प्रभावी कार्यान्वयन के लिए वर्तमान केंद्र सरकार को सुझाव देते हैं।

(ख) उन सभी कारकों की जाँच करना जो आतंकवाद, सांप्रदायिक हिंसा, दंगों, प्राकृतिक आपदा, घरेलू हिंसा, तस्करी, दुर्व्यवहार, यातना और शोषण, वेश्यावृत्ति और अश्लील साहित्य से प्रभावित बच्चों के खुशी के अधिकार व अवसर को कम करती है और उसके लिए उपचारात्मक उपायों का सुझाव देना।

(ग) ऐसे संकटग्रस्त, वंचित और हाशिए पर खड़े बच्चे, जो बिना परिवार के रहते हों और कैदियों के बच्चों से संबंधित मामलों पर विचार करना तथा उसके लिए उपचारात्मक उपायों का सुझाव देना।

(घ) समाज के विभिन्न वर्गों के बीच बाल अधिकार साक्षरता का प्रसार करना और बच्चों के लिए उपलब्ध सुरक्षोपाय के बारे में जागरूकता फैलाना।

(ङ) सरकार या किसी राज्य सरकार या किसी अन्य प्राधिकारी सहित किसी भी संस्थान द्वारा चलाए जा रहे सामाजिक संस्थान, जहाँ बच्चों को हिरासत में या उपचार के उद्देश्य से या सुधार व संरक्षण के लिए रखा गया हो, वैसे बाल सुधार गृह या किसी अन्य स्थान पर जहाँ बच्चों का निवास हो

या उससे जुड़ी संस्था का निरीक्षण करना।

(च) बच्चों के अधिकारों के उल्लंघन की जाँच कर ऐसे मामलों में कार्रवाई प्रारंभ करना और निम्न मामलों में स्वत: संज्ञान लेना, जहाँ–

• बाल अधिकारों का उल्लंघन व उपेक्षा होती हो।

• बच्चों के विकास और संरक्षण के लिए बनाए गए कानून का कार्यान्वयन नहीं किया गया हो।

• बच्चों के कल्याण और उसे राहत प्रदान करने के लिए दिए गए नीति निर्णयों, दिशा–निर्देशों या निर्देश का अनुपालन नहीं किया जाता हो।

• जहाँ ऐसे मामले पूर्ण प्राधिकार के साथ उठाए गए हों।

• बाल अधिकार को प्रभावी बनाने के लिए अंतरराष्ट्रीय संधियों और अन्य अंतरराष्ट्रीय उपकरणों की आवधिक समीक्षा और मौजूदा नीतियों, कार्यक्रमों एवं अन्य गतिविधियों का अध्ययन कर बच्चों के हित में उसे प्रभावी रूप से कार्यान्वित करने के लिए सिफारिश करना।

• बाल अधिकार पर बने अभिसमयों के अनुपालन का मूल्यांकन करने के लिए बाल अधिकार से जुड़े मौजूदा कानून, नीति एवं प्रचलन या व्यवहार का विश्लेषण व मूल्यांकन करना और नीति के किसी भी पहलू पर जाँच कर प्रतिवेदन देना, जो बच्चों को प्रभावित कर रहा हो और उसके समाधान के लिए नए नियम बनाने का सुझाव देना।

• सरकारी विभागों और संस्थाओं में कार्य के दौरान तथा स्थल पर बच्चों के विचारों व सम्मान को बढ़ावा देना और उसे गंभीरता से लेना।

• बाल अधिकारों के बारे में सूचना उत्पन्न करना और उसका प्रचार–प्रसार करना।

• बच्चों से जुड़े आँकड़े का विश्लेषण व संकलन करना।

• बच्चों के स्कूली पाठ्यक्रम, शिक्षक प्रशिक्षण पाठ्यक्रम और बच्चों की देखभाल करनेवाले प्रशिक्षण कर्मियों की प्रशिक्षण पुस्तिका में बाल अधिकार को बढ़ावा देना और उसे शामिल करना।

संरचना

केंद्र सरकार द्वारा आयोग में निम्न सदस्यों को तीन वर्ष की अवधि के लिए नियुक्त किया जाएगा–

• अध्यक्ष, जिसने बाल कल्याण को बढ़ावा देने के क्षेत्र में उत्कृष्ट कार्य किया हो।

• छह अन्य सदस्य जिन्हें शिक्षा, बाल स्वास्थ्य देखभाल, कल्याण, विकास, बाल न्याय, हाशिए पर पड़े उपेक्षित, अपंग व परित्यक्त बच्चों की देखभाल या बाल श्रम-उन्मूलन, बाल मनोविज्ञान और कानून के क्षेत्र में विशेषज्ञता हासिल हो।

• सदस्य सचिव, जो संयुक्त सचिव स्तर के समकक्ष होगा या उसके नीचे स्तर का नहीं होगा।

शक्तियाँ

आयोग को निम्न मामलों में सिविल न्यायालय की सभी शक्तियाँ प्राप्त होंगी–

(क) देश के किसी भी हिस्से के किसी भी व्यक्ति को सुनवाई के लिए आयोग के समक्ष उपस्थित होने के लिए आदेश देना, उसे लागू करवाना और शपथ का परीक्षण करना।

(ख) किसी भी दस्तावेज की खोज व प्रस्तुति के लिए आदेश देना।

(ग) हलफनामा पर साक्ष्य प्राप्त करना।

(घ) किसी भी अदालत के कार्यालय से सार्वजनिक रिकॉर्ड या उसकी प्रति प्राप्त करना।

(ङ) दस्तावेज के गवाह की जाँच के लिए आयोग का गठन करना।

शिकायत प्रणाली

आयोग का एक प्रमुख जनादेश बाल अधिकारों के उल्लंघन संबंधी शिकायत की जाँच करना है। आयोग के लिए यह भी जरूरी है कि बाल अधिकारों के गंभीर उल्लंघन की स्थिति में वह स्वतः संज्ञान लेकर मामले की जाँच करे कि कौन से तत्त्व बच्चों को उनके अधिकारों का आनंद उठाने से रोक रहे हैं।

(क) आयोग के समक्ष वह शिकायत संविधान की 8वीं अनुसूची में वर्णित किसी भी भाषा में की जा सकती है।

(ख) इस प्रकार की शिकायत दर्ज कराने के लिए कोई शुल्क नहीं लिया जाएगा।

(ग) शिकायत में मामले का पूर्ण विवरण शामिल होगा।

यदि आयोग जरूरी समझे तो अन्य जानकारी/हलफनामा दाखिल करने के लिए कह सकता है। शिकायत करते समय यह सुनिश्चित कर लें कि उसमें निम्न चीजें स्पष्ट हों–

(क) शिकायत स्पष्ट और सुपाठ्य हो तथा किसी छद्म नाम से दाखिल नहीं की गई हो।

(ख) शिकायत के लिए कोई शुल्क नहीं लिया गया हो।

(ग) जो मुद्दा उठाया हो वह संपत्ति के अधिकार व संविदा दायित्वों जैसे सिविल विवाद से जुड़ा हुआ नहीं हो।

(घ) उठाया गया मुद्दा सेवा मुद्दों से संबंधित नहीं हो।

(ङ) वह मामला संविधान के अंतर्गत गठित किसी आयोग या उसके अधीन कार्यरत किसी प्राधिकार के समझ लंबित नहीं हो।

(च) मामले का किसी आयोग द्वारा पहले ही निपटान नहीं कर दिया गया हो।

(छ) किसी अन्य आधार पर आयोग के क्षेत्राधिकार से बाहर नहीं हो।

रेलवे प्लेटफॉर्म पर रहनेवाले बच्चों के अधिकारों की रक्षा

राष्ट्रीय बाल अधिकार संरक्षण आयोग ने रेलवे प्लेटफॉर्म पर रहनेवाले बच्चों के अधिकारों की रक्षा के लिए दिशा-निर्देश बनाने हेतु बाल-अधिकारों की रक्षा के क्षेत्र में सक्रिय लोगों तथा विभिन्न गैर-सरकारी संगठनों के साथ कई

बैठकें कीं। इन बैठकों में इन बच्चों की विभिन्न समस्याओं पर विचार-विमर्श किया गया, जैसे नशीली दवाओं का सेवन, रेलवे पुलिस बल द्वारा शारीरिक दुर्व्यवहार, आश्रय का अभाव, पहचान तथा पुनर्वास की समस्याएँ, स्वास्थ्य देखभाल सुविधाओं का अभाव तथा एड्स का खतरा।

बैठकों से कई सुझाव उभरकर सामने आए।

सुझाव

- रेल अधिकारियों को रेलवे प्लेटफॉर्म पर रहनेवाले बच्चों के अधिकारों की रक्षा की जिम्मेदारी स्वीकार करनी चाहिए।
- रेलवे प्लेटफॉर्म पर शारीरिक तथा यौन दुर्व्यवहार के शिकार बच्चों को त्वरित रूप से मेडिकल उपचार की सुविधा प्रदान की जानी चाहिए।
- रेलवे प्लेटफॉर्म पर बच्चों को विभिन्न श्रेणियों में बाँटा जाना चाहिए।
- कचरा बीननेवाले बच्चों के अधिकारों की भी रक्षा की जानी चाहिए, क्योंकि वे रेलवे स्टेशन से प्लास्टिक हटाकर पर्यावरण की रक्षा करते हैं।
- रेलवे सुरक्षा बल द्वारा रेलवे प्लेटफॉर्म पर बच्चों की रक्षा कर रहे गैर सरकारी संस्थाओं को पहचान-पत्र जारी किया जाना चाहिए।
- राष्ट्रीय बाल अधिकार संरक्षण आयोग द्वारा रेलवे सुरक्षा बल को परिपत्र जारी कर इन बच्चों के अधिकारों के बारे में सूचित करना चाहिए।

• रेलवे प्लेटफॉर्म पर विस्थापित एवं गुमशुदा बच्चों संबंधी जानकारी प्रदान करने के लिए एक केंद्रीय शिकायत प्रणाली होनी चाहिए।

• राष्ट्रीय बाल अधिकार संरक्षण आयोग द्वारा इससे संबंधित सूचनाओं के आदान-प्रदान के लिए एक केंद्रीकृत डेटाबेस तैयार किया जाना चाहिए।

• रेलवे प्लेटफार्म पर विस्थापित, गुमशुदा तथा दुर्व्यवहार के शिकार बच्चों के लिए 10 मिनट के भीतर तेज तथा त्वरित प्रोटोकॉल होना चाहिए।

• राष्ट्रीय बाल अधिकार संरक्षण आयोग द्वारा त्वरित हस्तक्षेप प्रणाली विकसित की जानी चाहिए।

• रेलवे स्टेशन के नजदीक एक बाल कल्याण समिति स्थित होनी चाहिए।

• बाल आश्रय गृह जेल के समान नहीं होने चाहिए। उनमें पुनर्वासित बच्चों के लिए स्वस्थ वातावरण एवं उपचार का घरेलू वातावरण होना चाहिए।

• बाल आश्रय गृहों की कार्य-प्रणाली का पुनरावलोकन किया जाना चाहिए तथा एक सामाजिक लेखा परीक्षण किया जाना चाहिए।

• रेलवे प्लेटफॉर्म पर विस्थापित, गुमशुदा तथा शारीरिक दुर्व्यवहार के शिकार बच्चों के लिए पुनर्वास केंद्रों एवं आश्रय गृहों के लिए कार्य कर रहे गैर-सरकारी संस्थाओं के लिए राष्ट्रीय बाल अधिकार संरक्षण आयोग द्वारा एक सामाजिक लेखा परीक्षण प्रक्रिया बनानी चाहिए।

7

बाल अधिकार

अपनी अज्ञानता का अहसास होना ज्ञान की दिशा में एक बहुत बड़ा कदम है।

–डिजरायली

अंतरराष्ट्रीय नियम के अनुसार बच्चा का मतलब है वह व्यक्ति जिसकी उम्र 18 वर्ष से कम है। यह विश्व स्तर पर बालक की परिभाषा है, जिसे दुनिया के अधिकांश देशों द्वारा मान्यता दी गई है।

भारत ने हमेशा से 18 वर्ष से कम उम्र के लोगों को एक अलग कानूनी अंग के रूप में स्वीकार किया है, क्योंकि भारत में 18 वर्ष की उम्र के बाद ही कोई व्यक्ति वोट डाल सकता, ड्राइविंग लाइसेंस प्राप्त कर सकता या किसी अन्य कानूनी समझौते में शामिल हो सकता है। 18 वर्ष से कम उम्र की लड़की और 21 वर्ष के कम उम्र के लड़के की शादी को बाल-विवाह रोकथाम अधिनियम, 1929 के अंतर्गत निषिद्ध किया गया है। यद्यपि सन् 1992 के बाद भारत ने अपने बाल कानून में काफी फेर-बदल किया है। इसके अंतर्गत यह व्यवस्था की गई है कि जो 18 वर्ष से कम उम्र के हैं और जिन्हें देखभाल व संरक्षण की आवश्यकता है, वे राज्य से उस प्रकार की सुविधा प्राप्त करने के अधिकारी हैं।

मुख्य बिंदु

- बाल्यावस्था एक प्रक्रिया है, जिससे होकर प्रत्येक मानव को गुजरना पड़ता है।

• 18 वर्ष से कम उम्र के सभी व्यक्ति बच्चे हैं।

• बाल्यावस्था के दौरान बच्चों को अलग-अलग अनुभव होते हैं।

• सभी बच्चों को अपमानित और शोषित होने से बचाना जरूरी है।

बच्चों का मार्गदर्शन करें

• प्रौढ़ व्यक्ति द्वारा बच्चे को मार्गदर्शन दिए जाने के बजाय वे उनके जीवन का निर्णय ही करते हैं।

• बच्चे वयस्क लोगों की तरह नहीं दिखते–जिनके पास अपना दिमाग, व्यक्त करने को विचार, अपनी पसंद को चुनने का विकल्प तथा निर्णय-निर्माण की क्षमता होती है।

• बच्चों के पास मतदान, राजनीतिक प्रभाव या थोड़ी-बहुत भी आर्थिक शक्ति नहीं होती। इस वजह से उनकी आवाज नहीं सुनी जाती है।

• बच्चे जिस वातावरण में रहते हैं, उसके प्रति वयस्क की अपेक्षा वे अधिक संवेदनशील होते हैं, इसलिए वे किसी निर्णय व अनिर्णय से अन्य उम्र आयु समूह की अपेक्षा प्रभावित होते हैं।

• अधिकतम समाजों में (साथ ही हमारे समाज में भी) बच्चे को माता-पिता की संपत्ति माना जाता है।

बाल अधिकार क्या है?

देश में निर्मित तथा अंतरराष्ट्रीय स्तर पर बने जिन कानूनों को भारत में स्वीकार किया गया है, उसके अंतर्गत निर्धारित मानक और अधिकारों को पाने का अधिकार उन सभी व्यक्तियों को है जिनकी उम्र 18 वर्ष से कम है।

भारतीय संविधान में

भारतीय संविधान ने सभी बच्चों के लिए कुछ अधिकार निश्चित किए हैं, जिसे विशेष रूप से उनके लिए संविधान में शामिल किया गया है। वे अधिकार इस प्रकार हैं–

• 14 वर्ष की उम्र तक के बच्चे को किसी भी जोखिमवाले कार्य से सुरक्षा का अधिकार (अनुच्छेद-24)।

• आर्थिक जरूरतों के कारण जबरन ऐसे कामों में भेजना, जो उनकी आयु या क्षमता के उपयुक्त नहीं है, उससे सुरक्षा का अधिकार (अनुच्छेद-39 ई)।

• 6-14 वर्ष की आयु समूहवाले सभी बच्चों को अनिवार्य और निःशुल्क प्रारंभिक शिक्षा का अधिकार (अनुच्छेद-21 ए)।

• समान अवसर व सुविधा का अधिकार, जो उन्हें स्वतंत्र एवं प्रतिष्ठापूर्ण माहौल प्रदान करे, उनका स्वस्थ रूप से विकास हो सके। साथ ही, नैतिक एवं भौतिक कारणों से होनेवाले शोषण से सुरक्षा का अधिकार

(अनुच्छेद-39 एफ)।

साथ ही उन्हें भारत के वयस्क पुरुष एवं महिला के बराबर समान नागरिक का भी अधिकार प्राप्त है, जैसे–

• समानता का अधिकार (अनुच्छेद-14)।

• भेदभाव के विरुद्ध अधिकार (अनुच्छेद-15)।

• जबरन बँधुआ मजदूरी में रखने के विरुद्ध सुरक्षा का अधिकार (अनुच्छेद-23)।

• सामाजिक अन्याय और सभी प्रकार के शोषण से समाज के कमजोर तबकों के सुरक्षा का अधिकार (अनुच्छेद-46)।

• व्यक्तिगत स्वतंत्रता और कानून की सम्यक प्रक्रिया का अधिकार (अनुच्छेद-21)।

राज्य को चाहिए कि–

• समाज के कमजोर वर्गों के शैक्षणिक हितों को बढ़ावा दे (अनुच्छेद-46)।

• आम लोगों के जीवन-स्तर और पोषाहार स्थिति में सुधार लाने तथा लोक स्वास्थ्य में सुधार हेतु व्यवस्था करे (अनुच्छेद-47)।

• महिलाओं और बच्चों के लिए विशेष प्रावधान बनाएँ (अनुच्छेद-15(3)।

• अल्पसंख्यकों के हितों की रक्षा करें (अनुच्छेद-29)।

बाल अधिकारों पर संयुक्त राष्ट्र सम्मेलन

बाल अधिकारों पर बने अंतरराष्ट्रीय कानून का महत्त्वपूर्ण पहलू यह है कि वह बाल अधिकार पर हुए संयुक्त राष्ट्र सम्मेलन से संबद्ध है। ये अंतरराष्ट्रीय कानून और भारतीय संविधान व विधि-विधान के साथ मिलकर तय करते हैं कि बच्चों को वास्तव में क्या अधिकार होने चाहिए।

मानव अधिकार सभी लोगों के लिए हैं, जिसका उम्र से कोई लेना-देना नहीं है। यद्यपि विशेष दर्जे के कारण बच्चों को वयस्क से अधिक सुरक्षा और मार्गदर्शन की जरूरत है। साथ ही, बच्चों के लिए कुछ विशेष अधिकारों का भी प्रावधान किया गया है।

बाल अधिकारों पर संयुक्त राष्ट्र सम्मेलन की मुख्य विशेषताएँ

• बच्चों के बेहतर हित, भेदभाव-रहित जीवन और बच्चों के विचारों का सम्मान के सिद्धांत पर सम्मेलन निर्देशित हो।

• यह परिवार के महत्त्व तथा ऐसे वातावरण के निर्माण पर जोर देता है, जो बच्चों के स्वस्थ विकास और उन्नति में सहायक हो।

• 18 वर्ष की उम्र तक के लड़के और लड़कियों दोनों पर समान रूप से लागू होता है। भले ही वे विवाहित हों और उनके अपने बच्चे भी हों।

इसमें सरकार पर यह जिम्मेदारी भी सौंपी गई है कि वे बच्चों के प्रति समाज में स्वच्छ और समान व्यवहार को सुनिश्चित करें।

ये विशेषताएँ नागरिक, राजनीतिक, सामाजिक, आर्थिक एवं सांस्कृतिक अधिकारों के चार सेटों की ओर ध्यान आकर्षित करती हैं। वे अधिकार हैं–

• सुरक्षा का अधिकार

• विकास का अधिकार

- जीने का अधिकार
- सहभागिता का अधिकार

सुरक्षा के अधिकार में सम्मिलित हैं–

- शोषण से सुरक्षा का अधिकार
- अपमान व दुर्व्यवहार से सुरक्षा का अधिकार
- अमानवीय या निम्न कोटि के व्यवहार से सुरक्षा का अधिकार
- उपेक्षा से मुक्ति का अधिकार
- आपातकाल एवं सशस्त्र संघर्ष जैसी विशेष परिस्थितियों में विकलांग आदि को विशेष सुरक्षा व्यवस्था प्राप्त करने का अधिकार।

विकास के अधिकार में शामिल हैं–

- शिक्षा का अधिकार
- प्रारंभिक अवस्था में देखभाल एवं विकास हेतु सहायता का अधिकार
- अवकाश, मनोरंजन एवं सांस्कृतिक क्रिया-कलापों का अधिकार

जीने के अधिकार में सम्मिलित हैं–

- पोषण का अधिकार
- समुचित जीवन-स्तर प्राप्त करने का अधिकार
- नाम एवं राष्ट्रीयता पाने का अधिकार
- जीवन का अधिकार
- स्वास्थ्य का उच्चतम जरूरी मानक प्राप्त करने का अधिकार।

सहभागिता के अधिकार में सम्मिलित हैं-

- उपयुक्त सूचना प्राप्त करने का अधिकार
- विचार, चेतना एवं धार्मिक स्वतंत्रता का अधिकार
- बच्चों को अपने विचार के लिए सम्मान पाने का अधिकार
- अभिव्यक्ति की स्वतंत्रता का अधिकार।

सभी अधिकार एक-दूसरे पर निर्भर और अविभाजित हैं। फिर भी प्रकृति के कारण उन्हें दो भागों में विभाजित किया गया है–

(1) त्वरित अधिकार (नागरिक व राजनीतिक अधिकार) : इसमें भेदभाव, दंड, आपराधिक मामलों में पारदर्शी एवं सत्यतापूर्ण सुनवाई का अधिकार, बच्चों के लिए अलग न्यायिक व्यवस्था, जीवन का अधिकार, राष्ट्रीयता का अधिकार, परिवार के साथ पुनर्मिलन का अधिकार आदि।

इस श्रेणी के अंतर्गत अधिकांश सुरक्षा अधिकार आते हैं। इस वजह से इन अधिकारों के लिए तत्काल ध्यान दिए जाने एवं हस्तक्षेप की माँग की जाती है।

(2) प्रगतिशील अधिकार (आर्थिक, सामाजिक एवं सांस्कृतिक अधिकार) : इसमें स्वास्थ्य, शिक्षा और वे अधिकार हैं जिन्हें प्रथम वर्ग में शामिल नहीं किया गया है। इनके अनुसार आर्थिक, सामाजिक एवं सांस्कृतिक अधिकारों के संदर्भ में जहाँ जरूरी हो, सरकार के विभिन्न अंग अंतरराष्ट्रीय सहकारिता के ढाँचे के दायरे में उपलब्ध संसाधनों को लोगों तक पहुँचाने के लिए उचित कदम उठाएँगे।

बच्चों को इन चीजों से सुरक्षा प्रदान की जानी चाहिए–

- अमानवीय या अपमानजनक व्यवहार
- उपेक्षा
- शोषण
- अपमान।

सामाजिक, आर्थिक यहाँ तक कि भौगोलिक परिस्थितियों के कारण सभी बच्चों को सुरक्षा की जरूरत होती है। उनमें से कुछ बच्चों की स्थिति ज्यादा ही संवेदनशील होती है, जिस पर विशेष ध्यान दिए जाने की जरूरत होती है। ये बच्चे हैं–

- काम करनेवाले बच्चे
- भीख माँगनेवाले बच्चे
- भगाकर लाए गए बच्चे
- जेल में बंद बच्चे
- दूसरी जगह से आए बच्चे
- गली या घर से भागे हुए बच्चे

- अनाथ या परित्यक्त बच्चे
- प्राकृतिक आपदाओं से प्रभावित बच्चे
- एच.आई.वी./एड्स से प्रभावित बच्चे
- असाध्य रोगों से ग्रसित बच्चे
- विकलांग बच्चे
- अनुसूचित जाति या जनजाति समुदाय के बच्चे
- कैदियों के बच्चे
- संघर्ष से प्रभावित बच्चे
- बेघर बच्चे (सड़क किनारे रहनेवाले, विस्थापित/घर से निकाले गए, शरणार्थी आदि)।

कुछ चौंकानेवाले तथ्य

- विश्व के प्रत्येक तीन कुपोषित बच्चों में एक बच्चा भारत में रहता है, अर्थात् दुनिया के एक-तिहाई कुपोषित बच्चे भारत में रहते हैं।
- दुनिया भर के कुल कुपोषित बच्चों की आधी जनसंख्या भारत, बँगलादेश और पाकिस्तान में है।
- उप-सहारा अफ्रीका की तुलना में भारत और पाकिस्तान में औसत

रूप से कुपोषित बच्चों की दर अधिक है।

• भारत में जन्म लेनेवाले 30 प्रतिशत शिशुओं का जन्म के समय वजन-औसत कम होता है। भारत में 5 वर्ष से कम आयु के 47 प्रतिशत बच्चों का वजन औसत से कम होता है। भारत में 5 वर्ष से कम आयु के 45 प्रतिशत बच्चे का उचित विकास नहीं होता या उनका विकास अवरुद्ध होता है।

• यूनीसेफ की रिपोर्ट (2005) के अनुसार, भारत में 6 वर्ष की आयु तक के 66 प्रतिशत बच्चे कुपोषित हैं।

• भारत के 90 प्रतिशत से अधिक स्कूल जाने से पूर्व उम्र के बच्चे, किशोर, बालिकाएँ एवं गर्भवती महिलाएँ एनीमिया से पीड़ित होते हैं।

• वर्ष 2001 की जनसंख्या के अनुसार देश की 15 वर्ष से कम आयु की लगभग 30 लाख लड़कियों ने एक बच्चे को जन्म दे दिया था।

• भारत में जन्म लेनेवाला हर तीसरा बच्चा औसत से कम वजन का होता है और उसके मस्तिष्क के विकास और स्वास्थ्य को खतरा रहता है।

• एक सर्वे के अनुसार देश के अधिकतर राज्यों के 70 प्रतिशत से अधिक बच्चे आयरन की कमी से पीड़ित हैं।

• दुनिया भर के 4 करोड़ बच्चों की तुलना में भारत में 1.5 करोड़ बच्चे विटामिन ए की कमी से पीड़ित हैं।

• देश के 4.7 करोड़ बच्चे कच्चे घरों में रहते हैं।

• देश के 7.7 करोड़ बच्चे पीने के पानी के लिए नल का प्रयोग नहीं करते हैं।

• देश के 8.5 करोड़ बच्चों का टीकाकरण नहीं किया गया है और 2.7 करोड़ बच्चों का वजन औसत से कम है।

• देश के 3.3 करोड़ बच्चे कभी स्कूल नहीं गए हैं।

• देश में 18 वर्ष से कम आयु के बच्चों की जनसंख्या 42.07 करोड़ है।

8

बाल सुरक्षा की हकीकत

शिक्षा प्राप्त करने के तीन आधार-स्तंभ हैं–अधिक निरीक्षण करना, अधिक अनुभव करना और अधिक अध्ययन करना। ***–केथराल***

यह सच है कि हम अपने बच्चों से प्यार करते हैं, परंतु स्पष्ट रूप से यहाँ हम कुछ सच्चाई को भूल रहे हैं। दुनिया भर में बाल मजदूरों की सबसे बड़ी संख्या भारत में ही है। साथ ही, भारत में सबसे ज्यादा बच्चे यौन शोषण के शिकार होते हैं। इसके अतिरिक्त 0-6 वर्ष आयु समूह में पुरुष-महिला अनुपात भारत में सबसे कम है, जो यह दिखाता है कि देश में महिला बाल-शिशु की स्थिति काफी चिंताजनक है। इस प्रकार के शोषण व अन्याय से छोटे बच्चे भी अछूते नहीं हैं, जिन्हें या तो दूसरों के हाथों बेच दिया जाता है या फिर सीधे उनकी हत्या कर दी जाती है।

अपने घरों में बच्चों द्वारा सहा जा रहा अत्याचार व शोषण इस विश्वास को गलत साबित कर देता है। बच्चों को हमेशा उनके माता-पिता की निजी संपत्ति के रूप में देखा जाता है, जिनका वे किसी भी रूप में उपयोग (या फिर शोषण) कर सकते हैं।

कम उम्र के बच्चों की शादी करना बच्चों के प्रति स्नेह नहीं बल्कि देखभाल और पोषण की जिम्मेदारी से दूर हटना है। इससे बच्चों को बीमारी या सदमा भी हो सकता है। इसके अलावा कुछ गंभीर मामले भी हैं, जैसे प्रत्येक घर में बच्चों की पिटाई देश में एक आम बात है। साथ ही, अमीर और गरीब परिवारों में बच्चों के प्रति उपेक्षा की भावना आम बात है, जिससे बच्चों में मानसिक तनाव या अवसाद जैसी कई व्यवहारात्मक समस्याएँ उत्पन्न होती हैं।

लड़कियों के समान लड़कों का भी शारीरिक और मानसिक शोषण किया जाता है। यद्यपि लड़कियों की स्थितियाँ और अधिक संवेदनशील हैं, क्योंकि समाज में उन्हें निचले दर्जे पर देखा जाता है। लड़के स्कूल और घर दोनों जगह शारीरिक दंड के शिकार होते हैं।

हममें से प्रत्येक यह मानता है कि बच्चों का शोषण केवल घर, स्कूल, गाँव या समुदाय में ही नहीं होता बल्कि कई और जगहों पर भी होता है। यह दूसरे बच्चे को प्रभावित करता है, हमें नहीं। यह केवल गरीब परिवार, काम करनेवाले वर्ग, बेरोजगारों और अशिक्षित परिवारों में ही घटित होता है। यह मात्र मध्यम वर्ग की समस्याएँ नहीं हैं। इस तरह की घटनाएँ मुख्य रूप से शहरों में घटित होती हैं, न कि गाँवों में; जबकि सच्चाई इसके ठीक विपरीत है और शोषण के शिकार बच्चे को इन सभी क्षेत्रों में सभी जगह पर हमारी मदद की जरूरत है।

प्रचलित धारणा के विपरीत शोषणकर्ता मानसिक रूप से बीमार व्यक्ति नहीं होता, बल्कि शोषणकर्ता को सामान्य एवं विविध चरित्रवाले व्यक्ति के रूप में वर्गीकृत किया जा सकता है। बाल-यौन शोषणकर्ता अपने कुकर्मों को विभिन्न तरीकों से सही साबित करने की कोशिश करता है। बच्चों को भगानेवाला या व्यापार करनेवाला व्यक्ति उसके परिवार का करीबी या परिवार को जाननेवाला होता है, जिनके माता-पिता उस पर विश्वास करते हैं। वह उनके विश्वास का गलत लाभ उठाकर बच्चों को हथियार के रूप में इस्तेमाल करता है या उसे भगा ले जाता है।

बाल दुर्व्यवहार मुख्यतः सामाजिक, आर्थिक, धार्मिक, सांस्कृतिक, जातीय समूहों में घटित होता है। अनुसंधान, प्रलेखन एवं सरकारी हस्तक्षेप और पूर्व वर्षों में नागरिक समूहों द्वारा जुटाए गए तथ्यों के आधार पर निम्नलिखित श्रेणी के बच्चों तथा मुद्दों पर उन्हें सुरक्षा उपलब्ध कराने की बात कही गई है-

- घरेलू हिंसा
- बाल यौन दुर्व्यवहार
- बाल-विवाह
- बाल-श्रम
- प्राकृतिक आपदा
- युद्ध एवं संघर्ष
- एच.आई.वी./एड्स

- लैंगिक भेदभाव
- जातीय भेदभाव
- अपंगता
- महिला भ्रूण हत्या
- बाल-वेश्यावृत्ति
- बाल-व्यापार
- बाल-बलि
- स्कूलों में शारीरिक दंड
- परीक्षा-दबाव एवं छात्रों द्वारा आत्महत्या।

लैंगिक भेदभाव

मानव विकास रिपोर्ट 2005 के अनुसार, हर वर्ष 1.2 करोड़ लड़कियाँ जन्म लेती हैं, जिनमें से 30 लाख लड़कियाँ अपना 15वाँ जन्मदिन नहीं मना पातीं। इनमें से एक-तिहाई की मृत्यु जन्म के पहले साल में ही हो जाती है और यह अनुमान लगाया गया है कि प्रत्येक छठी महिला की मृत्यु महिला भेदभाव के कारण होती है।

वर्ष 2001 की जनगणना के अनुसार, देश में प्रत्येक 1 हजार पुरुषों की तुलना में सिर्फ 933 महिलाएँ हैं। बच्चों के मामले में यह और कम है तथा वर्ष 1991 की जनगणना से यह प्रवृत्ति घटती जा रही है। वर्ष 1991 में प्रत्येक 1 हजार लड़कों पर 945 लड़कियाँ थीं, जो वर्ष 2001 में घटकर 927 हो गई। कुछ राज्यों में स्थिति काफी चिंताजनक है, जैसे पंजाब में (798), हरियाणा में (819), हिमाचल प्रदेश में (896) आदि। देश की राजधानी दिल्ली में 1 हजार लड़कों की तुलना में 900 लड़कियाँ हैं।

बाल मजदूरी

लोगों की धारणा है कि बाल मजदूरी की समस्या का कोई समाधान नहीं हो सकता। गरीब माँ-बाप अपने बच्चों को स्कूल भेजने की बजाय चाहते हैं कि उनका बच्चा काम पर जाकर परिवार के लिए कुछ आय अर्जित करे। ऐसे बच्चों के पास काम के अलावा कोई दूसरा विकल्प नहीं होता; क्योंकि काम नहीं करने से उनके परिवार के सदस्य भूखे मर जाएँगे। इसी प्रकार, यदि वे कार्य करेंगे

तो उनमें कुशलता और प्रवीणता भी बढ़ेगी।

जब हम यह सुनते हैं तो हमें अपने आपसे यह पूछना चाहिए कि क्यों कुछ गरीब सभी कठिनाइयों के बावजूद अपने बच्चों को स्कूल भेज रहे हैं, जबकि कुछ नहीं भेजते? सच्चाई यह है कि गरीबी सिर्फ एक बहाना है, जिसके माध्यम से वे अपना हित साधते हैं। बाल-मजदूरी की प्रक्रिया के लिए सामाजिक परिस्थितियाँ भी जिम्मेदार हैं। सामाजिक रूप से पिछड़े वर्ग समाज में व्याप्त जाति व्यवस्था के भी शिकार बनते हैं। हम सभी जानते हैं कि बच्चों के काम करने के बावजूद परिवार में भुखमरी की स्थिति बनी रहती है और इसका कारण है सामाजिक व आर्थिक मामलों में भेदभाव।

सभी माता-पिता अपने बच्चों को शिक्षा देना चाहते हैं और नहीं तो कम-से-कम बुनियादी शिक्षा तो अवश्य ही देना चाहते हैं। वैसे अशिक्षित अभिभावक के लिए बच्चों का स्कूल में नामांकन कराना काफी मुश्किल कार्य होता है। नामांकन के लिए जन्म प्रमाण-पत्र व जाति प्रमाण-पत्र आदि ऐसी अड़चनें हैं जिसके कारण वे स्कूलों में बच्चों का नामांकन नहीं करवाते। साथ ही बच्चों के लिए स्कूल का पाठ्यक्रम भी अत्यंत कठित होता है; क्योंकि एक तो वे स्कूल जानेवाले पहली पीढ़ी के लोग होते हैं और दूसरे उनके माता-पिता पढ़े-लिखे नहीं होते, इस वजह से स्कूल में मिले गृह कार्य में उनके अभिभावक कोई मदद नहीं कर पाते। साथ ही रुचिकर पढ़ाई, खेल-कूद, शारीरिक दंड, जातीय भेदभाव, शौचालय व पेयजल जैसी बुनियादी सुविधाओं की कमी कुछ

ऐसे कारक हैं, जो बच्चों को स्कूल से दूर रखते हैं। लड़कियों को पढ़ाने की बजाय छोटे भाई-बहनों की देखभाल के काम में लगा दिया जाता है। ग्रामीण और शहरी दोनों क्षेत्रों में बाल सुविधाओं का अभाव है और लोगों के मन में लड़का-लड़की के प्रति भेदभाव व्याप्त है।

वे बच्चे, जो काम करते हैं और स्कूल नहीं जाते, निरक्षर ही रह जाते हैं और हमेशा अकुशल बने रहते हैं। ये बच्चे कार्य करते हैं, वहाँ से निकले रासायनिक व अन्य हानिकारक पदार्थ का उनके स्वास्थ्य पर काफी बुरा प्रभाव पड़ता है और उनका विकास भी अवरुद्ध हो जाता है।

भारतीय संविधान के अनुच्छेद 21(ए) में 6-14 वर्ष की आयुवाले प्रत्येक बच्चे के लिए नि:शुल्क और अनिवार्य प्रारंभिक शिक्षा के अधिकार के प्रावधान के बावजूद समाज में पाए जानेवाले बाल श्रमिक के कारण कानूनी स्थिति व वस्तुस्थिति के बीच विरोधाभास उत्पन्न करता है।

यह ध्यान देनेवाली बात है कि यदि बच्चों को बाल मजदूरी से हटा दिया जाए तो उनके स्थान पर वयस्क व्यक्ति को नौकरी मिल सकती है। भारत में बेरोजगार युवाओं की बहुत बड़ी संख्या है, जो इन बच्चों की जगह ले सकते हैं और बच्चों को अपनी बाल्यावस्था का आनंद उठाने के लिए मुक्त किया जा सकता है।

विश्व में बाल मजदूरों की सबसे बड़ी संख्या भारत में है। 2001 की जनगणना के अनुसार भारत में 5-14 वर्ष की आयु वालों की संख्या 1.25 करोड़ थी, जो विभिन्न व्यवसायों में काम कर रहे हैं। यद्यपि गैर-सरकारी संस्थाएँ मानती हैं कि यह संख्या इससे काफी अधिक है, क्योंकि बड़ी संख्या में बच्चे असंगठित क्षेत्र तथा छोटे व घरेलू उद्योगों में कार्य कर रहे हैं, जिनकी गिनती बाल मजदूरों के रूप में नहीं हो पाती।

मजदूरी के लिए बच्चों का प्रत्येक दिन अवैध व्यापार किया जा रहा है। बिचौलिए और दलाल गाँव आ रहे हैं और उनके माता-पिता के समक्ष शुभचिंतक के रूप में अपनी छवि दिखाकर देश के विभिन्न भागों में काम करने हेतु बच्चों को ले जा रहे हैं। कर्नाटक, दिल्ली और मुंबई की विभिन्न औद्योगिक इकाइयों में कार्य करने के लिए बच्चों को बिहार, बंगाल आदि राज्यों से लाया जा रहा है। तमिलनाडु से बच्चों को उत्तर प्रदेश में मिठाइयाँ बनाने की इकाइयों तथा हीरा व रत्नों की पॉलिश करने हेतु सूरत लाया जाता है। अतएव मध्य वर्गीय परिवारों के घरों में घरेलू मजदूर के रूप में हजारों बच्चे कार्यरत हैं।

9

बाल सुरक्षा एवं कानून

बच्चे को शिक्षा के साथ यह भी सिखाया जाना चाहिए कि वह मात्र एक व्यक्ति नहीं है, संपूर्ण राष्ट्र की थाती है। उससे कुछ भी गलत हो जाएगा तो उसकी और उसके परिवार की ही नहीं बल्कि पूरे समाज और पूरे देश की दुनिया में बदनामी होगी। बचपन से उसे यह सिखाने से उसके मन में यह भावना पैदा होगी कि वह कुछ ऐसा करे, जिससे कि देश का नाम रोशन हो।

–स्वामी रामदेव

प्रत्येक बच्चे को सभी प्रकार के शोषण एवं कष्टकारी स्थिति से सुरक्षा पाने का अधिकार है। विषम स्थितियों में रहनेवाले बच्चों को कानूनी सहायता एवं सुरक्षा की जरूरत होती है। एक साधारण गलती अकसर हम लोग यह करते हैं कि बच्चे को अत्यंत आवश्यकता पड़ने पर भी हम कानूनी कदम नहीं उठाते अर्थात् न्यायालय में कार्रवाई नहीं करते।

बाल (बँधुआ मजदूरी) कानून, 1933 : यह घोषणा करता है कि माँ-बाप या संरक्षक या अभिभावक तर्कयुक्त मजदूरी से परे हटकर किसी भुगतान या लाभ के लिए 15 साल से कम उम्र के अपने बच्चे को मजदूरी कराने का समझौता करता है तो वह अवैध एवं अमान्य होगा। इस कानून के तहत इस कार्य में शामिल माँ-बाप या संरक्षक तथा नियोक्ता को भी दंडित किया जा सकता है।

बँधुआ मजदूरी व्यवस्था (समाप्ति) अधिनियम, 1976 : ऋण चुकाने के लिए किसी व्यक्ति को बँधुआ मजदूरी के लिए बाध्य करने की व्यवस्था को निषिद्ध करता है। यह अधिनियम सभी ऋण शर्तों या समझौतों तथा

प्रतिबद्धताओं को भी अमान्य करता है। यह कानून नए सिरे से बँधुआ मजदूरी बनाने की व्यवस्था को भी निषिद्ध करता है और सभी बँधुआ मजदूरों के ऋण समझौतों को रद्द कर उनको दासता से मुक्त कराता है। एक व्यक्ति को बँधुआ मजदूरी के लिए बाध्य करना कानूनन दंडनीय है। साथ ही, वैसे अभिभावक या माँ-बाप, जो अपने बच्चे या परिवार के अन्य सदस्यों को बँधुआ मजदूरी के लिए बाध्य करते हैं या इस तरह का समझौता किसी व्यक्ति से करते हैं तो वे भी (अभिभावक या माँ-बाप) दंडित किए जाएँगे।

बाल श्रम (निरोध एवं विनियमन) अधिनियम, 1986 : 14 वर्ष से कम उम्र के बच्चों को जोखिम भरे कामों में लगाने को निषिद्ध करता है तथा कम जोखिम भरे कामों में लगाने को नियंत्रित करता है।

बाल न्याय (बालकों की देखभाल व सुरक्षा) अधिनियम, 2000 : इस अधिनियम का भाग 20 जोखिम भरे कार्य में बच्चों को नौकरी देनेवाले, उसके लिए उसे प्राप्त करनेवाले, उसे बँधुआ मजदूर के रूप में रखनेवाले तथा उसकी आमदनी को अपने फायदे के लिए अपने पास रखनेवाले व्यक्ति के लिए दंड का प्रावधान करता है।

देश में बाल-व्यापार के खिलाफ दर्ज मामले की सुनवाई के लिए उपलब्ध कानूनी ढाँचा इस प्रकार है–

भारतीय दंड संहिता कोड 1860

• भारतीय दंड संहिता में अमानवीय उद्‌देश्य के लिए बच्चों के साथ धोखाधड़ी, छल-कपट, अपहरण, छिपाकर रखना, आपराधिक धमकी, बच्चों को प्राप्त करना और बच्चों की खरीद-बिक्री करनेवालों के लिए दंड का विधान किया गया है।

बाल-न्याय अधिनियम, 2000

यह कानून बाल व्यापार के शिकार बच्चों की संरक्षा तथा सुरक्षा की गारंटी तथा ऐसे बालकों को पुनः उसके माता-पिता व परिवार से मिलाने की भी व्यवस्था करता है।

भेदभाव के विरुद्ध अधिकार

समान इलाज पाना मौलिक अधिकार है। भारत के संविधान में यह व्यवस्था है कि किसी व्यक्ति के साथ लिंग, धर्म, जाति, वंश या जन्म-स्थान आदि के आधार पर सामाजिक या पेशेवर रूप से किसी भी सरकार द्वारा संचालित या सरकारी सहायता प्राप्त संस्था द्वारा भेदभाव नहीं किया जाएगा। साथ ही, लोक स्वास्थ्य का अधिकार भी मौलिक अधिकार है, जिसे राज्य सरकार सभी नागरिकों को उपलब्ध कराती है। यदि गंभीर रूप से बीमार कोई व्यक्ति चिकित्सा सुविधा प्राप्त करना चाहता है या किसी अस्पताल में भरती होना चाहता है तो उससे उसे वंचित नहीं किया जा सकता। यदि इस परिस्थिति में संबंधित व्यक्ति को जरूरी सुविधा से वंचित किया जाता है तो वंचित व्यक्ति को अधिकार होगा कि वह उस मामले में कानूनी सहायता प्राप्त करे।

10

बच्चों के अधिकार : महत्त्वपूर्ण अनुच्छेद

जो जानता नहीं कि वह जानता नहीं, वह मूर्ख है—उसे दूर भगाओ। जो जानता है कि वह जानता नहीं, वह सीधा है, उसे सिखाओ। जो जानता नहीं कि वह जानता है, वह सोया है, उसे जगाओ। जो जानता है कि वह जानता है, वह सयाना है, उसे गुरु बनाओ।

—अरबी कहावत

अनुच्छेद-3

बच्चों से संबंधित सभी संगठन प्रत्येक बच्चे के लिए वही करेंगे, जो उनके लिए सर्वोत्तम है।

अनुच्छेद-4

सरकार को यह अधिकार सभी बच्चों को उपलब्ध कराने होंगे।

अनुच्छेद-6

आपको जीने का अधिकार प्राप्त है। सरकार को आपकी उत्तरजीविता तथा विकास सुनिश्चित करना होगा।

अनुच्छेद-7

आपको वैधानिक रूप से पंजीकृत नाम और राष्ट्रीयता पाने का अधिकार है। आपको यह जानने का भी अधिकार है कि आपके अभिभावक द्वारा आपकी देखभाल हो रही है या नहीं।

अनुच्छेद-9

आपको अपने अभिभावकों से तब तक अलग नहीं किया जाना चाहिए,

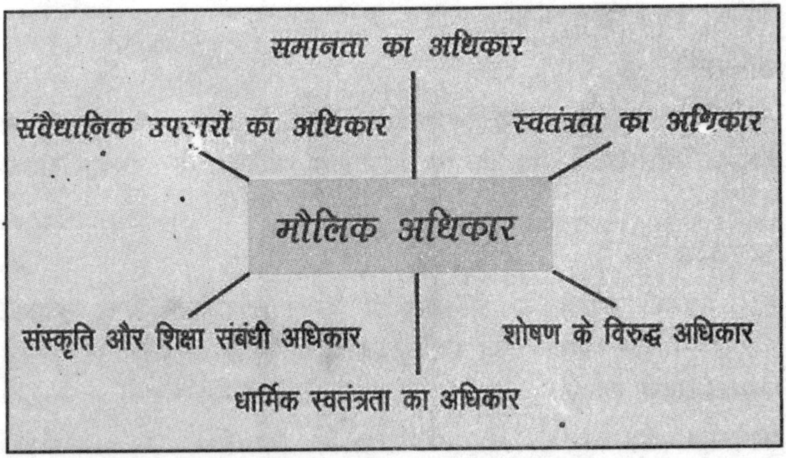

जब तक कि यह स्वयं आपके हित में न हो, उदाहरणार्थ यदि अभिभावक अपने बच्चे से दुर्व्यवहार कर रहा है या उसकी उपेक्षा कर रहा है। यदि आपके माता-पिता अलग-अलग हो गए हों तो आपकों दोनों से संपर्क बनाए रखने का अधिकार है, जब तक कि उससे आपको कोई आघात न पहुँचे।

अनुच्छेद-11

यदि आपको गैर-कानूनी तरीके से अपने देश से बाहर ले जाया जा रहा हो तो सरकार को उसे रोकने के लिए कदम उठाने चाहिए।

अनुच्छेद-12

जब वयस्क आपको प्रभावित करनेवाले निर्णय ले रहे हों तो उससे होनेवाले संभावित परिणाम पर आपको अपना विचार व्यक्त करने का अधिकार है। साथ ही, आपको यह भी अधिकार है कि आपके सुझाव पर सावधानीपूर्वक विचार किया जाए।

अनुच्छेद-13

आपको सूचना पाने तथा उसमें सहभागी रहने, मिलने-जुलने, समूह या संगठन में शामिल होने का अधिकार है, जब तक कि यह आपके लिए या किसी अन्य के लिए घातक न हो।

अनुच्छेद-14

जो आप चाहते हैं, उसे सोचने और उसमें विश्वास रखने का तथा अपने धर्म के पालन का अधिकार है, जब कि आप किसी अन्य को उसके अधिकार का उपयोग करने से बाधित न करें। इन मामलों में आपके अभिभावक को

आपको बताया जाना चाहिए।

अनुच्छेद–15

आपको आपस में मिलने-जुलने और किसी समूह या संगठन में शामिल होने का अधिकार है, जब तक कि इससे अन्य व्यक्तियों के अधिकार बाधित न हों।

अनुच्छेद–16

आपको निजता का अधिकार है। कानून को जीवन-शैली, आपकी प्रतिष्ठा, आपके परिवार तथा घर के विरुद्ध होनेवाले आक्रमण से आपको सुरक्षित रखनी चाहिए।

अनुच्छेद–17

आपको सार्वजनिक संचार माध्यमों द्वारा विश्वसनीय सूचना पाने का अधिकार है। टेलीविजन, रेडियो व समाचार-पत्रों को आपको ऐसी सूचना देनी चाहिए, जो आप समझ सकें तथा ऐसी सामग्री को बढ़ावा नहीं देनी चाहिए, जिससे आपको क्षति पहुँचे।

अनुच्छेद–19

सरकार यह सुनिश्चित करेगी कि आपकी उचित रीति से देखभाल हो रही है तथा आप अपने अभिभावक से या अन्य व्यक्ति से, जो आपका पालन-पोषण कर रहे हैं उनकी हिंसा, दुर्व्यवहार व उपेक्षा से सुरक्षित रहें।

अनुच्छेद–20

यदि आपका परिवार आपकी देखभाल नहीं करता तो ऐसे लोगों को आपकी देखभाल करनी चाहिए, जो आपके धर्म, संस्कृति तथा भाषा का सम्मान करते हैं।

अनुच्छेछ–22

यदि आप देश में शरणार्थी बनकर आए हैं तो आपको वही अधिकार प्राप्त होने चाहिए, जो देश में जन्म लेनेवाले बच्चे को मिलते हैं।

अनुच्छेद–23

यदि किसी प्रकार विकलांग हैं तो आपको विशेष देखभाल व सहयोग मिलना चाहिए, जिससे आप एक संपूर्ण व स्वतंत्र जीवन जी सकें।

अनुच्छेद-24

आपको अच्छी गुणवत्ता की स्वास्थ्य सुविधा, शुद्ध जल, पोषक आहार तथा शुद्ध पर्यावरण पाने का अधिकार है, जिससे आप स्वस्थ रह सकें।

अनुच्छेद-25

यदि आपकी देखभाल आपके माता-पिता के बजाय स्थानीय प्राधिकार द्वारा की जा रही है तो नियमित रूप से आपकी स्थितियों की समीक्षा की जानी चाहिए।

अनुच्छेद-26

यदि आप गरीब या जरूरतमंद हैं तो आपको या आपके अभिभावक को सरकार से सहायता प्राप्त करने का अधिकार है।

अनुच्छेद-27

आपको ऐसा जीवन-स्तर प्राप्त करने का अधिकार है, जो आपकी शारीरिक तथा मानसिक जरूरतों को भली-भाँति पूरा कर सके। सरकार को आपके परिवार की मदद करनी चाहिए, यदि वह आपको यह सब उपलब्ध नहीं करा सकते।

अनुच्छेद-28

आपको शिक्षा पाने का अधिकार है। प्राथमिक शिक्षा निःशुल्क होनी चाहिए।

अनुच्छेद-29

शिक्षा ऐसी हो जो आपके व्यक्तित्व व प्रतिभा को उतनी विकसित करे जितनी संभव है। यह आपको अपने माता-पिता, अपनी तथा अन्य संस्कृतियों का आदर करने के लिए प्रोत्साहित करे।

अनुच्छेद-30

आपको अपने परिवार की भाषा व रीति-रिवाज सीखने तथा प्रयुक्त करने का अधिकार है, चाहे यह देश के अधिसंख्य लोगों की भाषा व रीति हो या न हो।

अनुच्छेद-31

आपको आराम करने, खेलने तथा व्यापक स्तर पर गतिविधियों में शामिल होने का अधिकार है।

अनुच्छेद-32

सरकार आपको ऐसे कार्य से सुरक्षित रखेगी, जो खतरनाक हों या जिससे आपके स्वास्थ्य या शिक्षा प्रभावित होती हो।

अनुच्छेद-34

सरकार को चाहिए कि वह आपको लैंगिक दुर्व्यवहार से सुरक्षित रखे।

अनुच्छेद-35

सरकार यह सुनिश्चित करेगी कि बच्चों का अपहरण तथा विक्रय न हों।

अनुच्छेद-36

आपको तथा आपके विकास को प्रभावित करनेवाली गतिविधियों से सुरक्षित रखा जाना चाहिए।

अनुच्छेद-37

आपसे किसी प्रकार निर्दयतापूर्वक, अमानवीय या अपमानजनक व्यवहार नहीं किया जाना चाहिए। साथ ही, आपको दंडित नहीं किया जाना चाहिए।

अनुच्छेद-40

यदि आप पर कानून तोड़ने का आरोप है तो आपको कानूनी सहायता मिलनी चाहिए। आपको कारागार में वयस्कों के साथ नहीं रखा जाना चाहिए और हर स्थिति में आपको अपने परिवार के संपर्क में रखना चाहिए। केवल अत्यंत गंभीर अपराध के मामले में ही आपको कारावास का दंड दिया जाना चाहिए।

11

स्कूल के लिए मानक मानदंड

शब्द विचारों के वाहक हैं। शब्द पाकर दिमाग उड़ने लगता है। दिमाग पैराशूट के समान है। वह तभी कार्य करता है जब खुला हो। ***–अज्ञात***

शिक्षा के अधिकार अधिनियम की सफलता के लिए आवश्यक है कि स्कूल उसी के अनुरूप मानक मानदंड वाले हों। स्कूलों के लिए अधिनियम के अंतर्गत निम्नलिखित मानदंड तय किए गए हैं–

(i) सक्षम अकादमिक विशेषज्ञों द्वारा निर्धारित पाठ्यक्रम।

शिक्षकों की संख्या

(क) प्राथमिक स्कूल में (कक्षा 1 से 5)

प्राथमिक स्कूल में 60 बच्चों तक 2 अध्यापक, 61 से 90 बच्चों तक 3 अध्यापक, 91 से 120 बच्चों तक 4 अध्यापक, 150 से अधिक बच्चों तक 5 या इससे अधिक मुख्य अध्यापक होने चाहिए। 200 से अधिक बच्चे होने पर बच्चों और अध्यापकों का अनुपात 40:1 होना चाहिए।

उच्च प्राथमिक स्कूल में (कक्षा 6 से 8)

उच्च प्राथमिक कक्षाओं में प्रति कक्षा न्यूनतम एक-एक अध्यापक विज्ञान, गणित, सामाजिक विज्ञान व अन्य विषयों के लिए हो।

(क) प्रति 35 बच्चों के लिए न्यूनतम एक शिक्षक हो।

(ख) कला की शिक्षा हो।

(ग) स्वास्थ्य और शारीरिक शिक्षा हो।

(घ) सामान्य कार्यों की शिक्षा दी जाए।

बच्चों की संख्या 100 से अधिक होते ही–

(i) एक पूर्णकालिक मुख्य अध्यापक की नियुक्ति हो।

(ii) अतिरिक्त विषयों के लिए अंशकालिक शिक्षक की नियुक्ति की जाए।

स्कूल की इमारत

(i) प्रत्येक शिक्षक के लिए कम-से-कम एक कक्ष।

(ii) प्रत्येक स्कूल में एक दफ्तर-कम-स्टोर-कम-मुख्य अध्यापक का कक्ष आवश्यक रूप से हो।

(iii) लड़के और लड़कियों के लिए अलग-अलग शौचालय।

(iv) पेयजल सुविधा।

(v) रसोई घर (जहाँ स्कूल में मिड डे मील पकाया जाता है)।

(vi) स्कूल तक बाधा-रहित पहुँच-मार्ग।

न्यूनतम कार्य/शिक्षण दिवस

(i) प्राथमिक स्कूलों के लिए 200 शिक्षण दिवस।

(ii) उच्च प्राथमिक स्कूलों के लिए 220 शिक्षक दिवस।

(iii) प्राथमिक और उच्च प्राथमिक स्कूलों के लिए क्रमशः 800 और 1000 पढ़ाई के घंटे।

शिक्षक के लिए प्रति सप्ताह काम के घंटे

45 घंटे, जिनमें शिक्षण और तैयारी करने के घंटे शामिल हैं।

इनके अलावा पुस्तकालय, खेल सामग्री, खेल का मैदान, स्लाइड, झूले, व्यायाम का सामान आदि निर्धारित मापदंडों के अनुसार हों।

वांछनीय

स्कूल में बिजली, टेलीफोन, पुस्तकालय और कम-से-कम एक कंप्यूटर हो। बच्चों की मानवीय प्रतिष्ठा के सम्मान के लिए रचनात्मक और अनुशासनात्मक गतिविधियों को अपनाएँ और बढ़ावा दें।

- बच्चों की सक्रिय सहभागिता को बढ़ाएँ।
- बच्चों के विकास की जरूरतों और गुणवत्तापूर्ण जीवन का सम्मान करें।

• बच्चों की प्रतिष्ठा का सम्मान करें।

• समाजोन्मुख व्यवहार, स्व-अनुशासन और चरित्र का विकास करें।

• बच्चों के प्रेरणात्मक चरित्र और जीवन के बारे में विचारों का सम्मान करें।

• उन्हें स्वच्छ एवं परिवर्तनकारी न्याय का विश्वास दिलाएँ।

• एकता को बढ़ावा दें।

स्कूली वातावरण में बदलाव लाना वास्तव में आपके लिए बहुत बड़ी चुनौती होगी। क्या आपका स्कूल बालप्रिय है? यह इस तरह से हो सकता है–

• 'छड़ी फेंकें और बचपन बचाएँ'–एक नारा और बच्चों, अभिभावकों एवं समाज के लिए एक संदेश होना चाहिए।

• सभी स्कूलों में भावनात्मक समस्या एवं मानसिक विकार के लक्षण दिखानेवाले बच्चों की सहायता के लिए एक प्रशिक्षित सलाहकार या मार्गदर्शक अवश्य हो और वह सलाहकार प्रभावित बच्चों एवं उसके अभिभावकों का उचित मार्गदर्शन करे।

• प्रत्येक स्कूल में सहपाठियों, परिवारों एवं समुदाय की सकारात्मक प्रतिक्रिया के लिए एक सामाजिक कार्यकर्ता अवश्य होना चाहिए।

• नियमित व पाक्षिक रूप से अभिभावक-शिक्षक संघ की बैठक एक अनिवार्य विशेषता हों। अभिभावक-शिक्षक संघ अभिभावक व शिक्षकों के बीच वार्त्ता के लिए एक प्लेटफॉर्म होना चाहिए, जहाँ सिर्फ बच्चों के अपने वर्ग के प्रदर्शन पर ही नहीं अपितु उसके समग्र विकास पर चर्चा होनी चाहिए।

• शिक्षकों के साथ बच्चों के अधिकारों पर नियमित रूप से प्रशिक्षण एवं जागरूकता कार्यक्रम आयोजित होने चाहिए, जैसा कि बहुत सारे स्कूलों द्वारा नियमित रूप से शिक्षकों को अकादमिक प्रशिक्षण के लिए भेजा जाता है।

• स्कूल के भीतर विकलांग बच्चों को प्रभावित करनेवाले मुद्दे पर सहभागिता के लिए मंच का निर्माण होना चाहिए।

• स्कूलों में जीवन कुशल शिक्षा के साथ यौन शिक्षा को अनिवार्य अंग बनाकर उसके बारे में जानकारी दी जानी चाहिए।

• टेंट या छोटे घरों में चलाए जानेवाले स्कूलों में बच्चों को शौचालय एवं पानी पीने जाने के लिए पर्याप्त रूप से व्यवस्था होनी चाहिए।

• स्कूल में विकलांगप्रिय आधारभूत संरचना एवं शिक्षण व अध्ययन

सामग्री की व्यवस्था यह प्रदर्शित करती है कि स्कूल विकलांग बच्चों की जरूरतों के प्रति संवेदनशील है। ये सभी सुविधाएँ या वे सुविधाएँ, जो आपके लिए संभव हों, की उपलब्धता सुनिश्चित करें। इस आवश्यकता को पूरा करने के लिए स्थानीय संसाधनों का इस्तेमाल किया जा सकता है।

• स्कूल परिसर के भीतर व बाहर कोई दुकान या विक्रेता नहीं होना चाहिए।

• स्कूल प्रबंधन अपने अध्यापकों को बच्चों को घरेलू कार्य पर रखने के प्रति हतोत्साहित करें।

• स्कूल परिसर में मादक द्रव्यों के प्रयोग या किसी भी अन्य प्रकार के दुरुपयोग की देखरेख के लिए जाँच समूह विकसित करें। यह एक अच्छी पहल है, जिसे सभी स्कूलों को अपनाना चाहिए।

• एक नीति-निर्देश तैयार करें और अनुशासनात्मक जाँच के लिए उसका पालन हो। विद्यालय के उन शिक्षकों या कर्मचारियों के खिलाफ कार्रवाई करें, जो स्कूल परिसर में या उसके बाहर बच्चों के साथ यौन दुर्व्यवहार में शामिल हों।

• स्कूल परिसर के भीतर लिंग, विकलांगता, जाति, धर्म या बीमारी के आधार पर होनेवाले भेदभाव को रोकने के लिए नीति-निर्देश, नियम व परिनियम बनाएँ।

• बच्चे, उसके अभिभावक और पंचायत/नगरपालिका परिषद् को मिलाकर स्कूल को एक बाल-सुरक्षा निगरानी इकाई या सेल का गठन करना चाहिए। इस सेल या इकाई की यह जिम्मेदारी होगी कि वह उन बच्चों की सूची रखे, जिसे देखभाल एवं सुरक्षा की जरूरत है और बाल-शोषण की रिपोर्ट पुलिस या अन्य संबंधित प्राधिकार तक पहुँचाए।

12
सर्वशिक्षा अभियान

अज्ञान मनुष्य का सबसे बड़ा शत्रु है। यह मनुष्य को सामाजिक रूप से खोखला कर देता है।

–अज्ञात

सभी बच्चों को अपने जीवन की बेहतरी का अधिकार है। लेकिन दुनिया भर के बहुत सारे बच्चे इस अवसर के अभाव में ही जी रहे हैं, क्योंकि उन्हें प्राथमिक शिक्षा जैसे अनिवार्य मूलभूत अधिकार भी मुहैया नहीं कराए जा रहे हैं।

भारत में बच्चों को साक्षर करने की दिशा में चलाए जा रहे कार्यक्रमों के परिणामस्वरूप वर्ष 2000 के अंत तक भारत में 94 प्रतिशत ग्रामीण बच्चों को उनके आवास से 1 कि.मी. की दूरी पर प्राथमिक विद्यालय एवं 3 कि.मी. की दूरी पर उच्च प्राथमिक विद्यालय की सुविधाएँ उपलब्ध थीं। अनुसूचित जाति व जनजाति वर्ग के बच्चों तथा बालिकाओं का अधिक-से-अधिक संख्या में स्कूलों में नामांकन कराने के उद्‌देश्य से विशेष प्रयास किए गए।

प्रथम पंचवर्षीय योजना से लेकर अब तक प्राथमिक व उच्च प्राथमिक विद्यालयों में नामांकन लेनेवाले बच्चों की संख्या एवं स्कूलों की संख्या में निरंतर वृद्धि हुई है। वर्ष 1950-51 में जहाँ प्राथमिक शिक्षा प्राप्त करने के लिए 30.1 लाख बच्चों ने नामांकन लिया था, वहीं 1997-98 में इसकी संख्या बढ़कर 3.95 करोड़ हो गई। उसी प्रकार वर्ष 1950-51 में प्राथमिक व उच्च प्राथमिक विद्यालयों की संख्या 2.23 लाख थी, जिसकी संख्या 1996-97 में बढ़कर 7. 75 लाख हो गई। एक अनुमान के अनुसार, वर्ष 2002-03 में 6-14 आयु वर्ग के 82 प्रतिशत बच्चों ने विभिन्न विद्यालयों में नामांकन लिया था। भारत सरकार का लक्ष्य इस संख्या को इस दशक के अंत तक 100 प्रतिशत तक पहुँचाना था।

जैसा कि हम सभी जानते हैं कि विश्व से स्थायी रूप से गरीबी को दूर करने और शांति एवं सुरक्षा का मार्ग प्रशस्त करने के लिए जरूरी है कि दुनिया के सभी देशों के नागरिकों एवं उसके परिवारों को अपनी पसंद का जीवन जीने का विकल्प चुनने में सक्षम बनाया जाए। इस लक्ष्य को पाना तभी संभव है, जब दुनिया भर के बच्चों को कम-से-कम प्राथमिक विद्यालय के माध्यम से उच्च स्तरीय स्कूली सुविधाएँ उपलब्ध कराई जाएँ।

सर्वशिक्षा अभियान का लक्ष्य

सर्वशिक्षा अभियान एक निश्चित समयावधि के भीतर प्रारंभिक शिक्षा के सार्वभौमिक लक्ष्य को प्राप्त करने के लिए भारत सरकार का एक महत्त्वपूर्ण कार्यक्रम है। 86वें संविधान संशोधन द्वारा 6-14 वर्ष की आयु वाले बच्चों के लिए प्राथमिक शिक्षा को एक मौलिक अधिकार के रूप में निःशुल्क और अनिवार्य रूप से उपलब्ध कराना अनिवार्य बना दिया गया है। सर्वशिक्षा अभियान पूरे देश में राज्य सरकार की सहभागिता से चलाया जा रहा है, ताकि देश के 11 लाख गाँवों के 19.2 लाख बच्चों की जरूरतों को पूरा किया जा सके। इस कार्यक्रम के अंतर्गत वैसे गाँवों में, जहाँ अभी स्कूली सुविधा नहीं है, वहाँ नए स्कूल खोलना और विद्यमान स्कूलों में अतिरिक्त अध्ययन कक्ष, शौचालय, पीने का पानी, मरम्मत निधि, स्कूल सुधार निधि प्रदान कर उसे सशक्त बनाए जाने की भी योजना है। वर्तमान में कार्यरत वैसे स्कूल, जहाँ शिक्षकों की संख्या अपर्याप्त

है वहाँ अतिरिक्त शिक्षकों की व्यवस्था की जाएगी; जबकि वर्तमान में कार्यरत शिक्षकों को गहन प्रशिक्षण प्रदान कर, शिक्षण-प्रवीणता सामग्री के विकास के लिए निधि प्रदान कर एवं टोला, प्रखंड, जिला स्तर पर अकादमिक सहायता संरचना को मजबूत किया जाएगा। सर्वशिक्षा अभियान जीवन-कौशल के साथ गुणवत्ता-युक्त प्रारंभिक शिक्षा प्रदान करने की इच्छा रखता है। सर्वशिक्षा अभियान का बालिका शिक्षा और जरूरतमंद बच्चों पर खास जोर है। साथ ही, सर्वशिक्षा अभियान द्वारा देश में व्याप्त डिजिटल दूरी को समाप्त करने के लिए कंप्यूटर शिक्षा प्रदान करने की भी योजना है।

प्रारंभिक शिक्षा की गुणवत्ता

संस्थागत सुधार : सर्वशिक्षा अभियान के एक भाग के रूप में राज्यों में संस्थागत सुधार किए जाएँगे। राज्यों को अपनी मौजूदा शैक्षिक पद्धति का वस्तुपरक मूल्यांकन करना होगा जिसमें शैक्षिक प्रशासन, स्कूलों में उपलब्धि स्तर, वित्तीय मामले, विकेंद्रीकरण तथा सामुदायिक स्वामित्व, राज्य शिक्षा अधिनियम की समीक्षा, शिक्षकों की नियुक्ति तथा शिक्षकों की तैनाती को तर्कसम्मत बनाना, मॉनीटरिंग तथा मूल्यांकन, लड़कियों, अनुसूचित जाति, अनुसूचित जनजाति तथा सुविधा-विहीन वर्गों के लिए शिक्षा, निजी स्कूलों एवं ई.सी.सी.ई. संबंधी मामले शामिल होंगे। कई राज्यों में प्रारंभिक शिक्षा प्रदान करने की व्यवस्था में सुधार के लिए संस्थागत सुधार भी किए गए हैं।

सतत वित्त-पोषण : सर्वशिक्षा अभियान इस तथ्य पर आधारित है कि प्रारंभिक शिक्षा कार्यक्रम का वित्त-पोषण सतत जारी रखा जाए। केंद्र और राज्य सरकारों के बीच वित्तीय सहभागिता पर दीर्घकालीन परिप्रेक्ष्य की अपेक्षा है।

सामुदायिक स्वामित्व : इस कार्यक्रम के लिए प्रभावी विकेंद्रीकरण के जरिए स्कूल आधारित कार्यक्रमों में सामुदायिक स्वामित्व की अपेक्षा है। महिला समूह, ग्राम शिक्षा समिति के सदस्यों और पंचायती राज संस्थाओं के सदस्यों को शामिल करके इस कार्यक्रम को बढ़ाया जाएगा।

संस्थागत क्षमता निर्माण : सर्वशिक्षा अभियान द्वारा राष्ट्रीय शैक्षिक आयोजना एवं प्रशासन संस्थान, राष्ट्रीय शिक्षक शिक्षा परिषद्, राज्य शैक्षिक अनुसंधान व प्रशिक्षण परिषद्, सीमेट (S.I.E.M.A.T.) जैसी राष्ट्रीय एवं राज्य स्तरीय संस्थाओं के लिए क्षमता निर्माण की महत्त्वपूर्ण भूमिका की परिकल्पना की गई है। गुणवत्ता में सुधार के लिए विशषज्ञों के स्थायी सहयोगवाली प्रणाली की आवश्यकता है।

शैक्षिक प्रशासन की प्रमुख धारा में सुधार : इसमें संस्थागत विकास,

नई पहल को शामिल करके और लागत प्रभावी व कुशल पद्धतियाँ अपनाकर शैक्षिक प्रशासन की मुख्य धारा में सुधार करने की अपेक्षा है।

पूर्ण पारदर्शिता-युक्त सामुदायिक निरीक्षण : इस कार्यक्रम में समुदाय आधारित पद्धति अपनाई जाएगी। शैक्षिक प्रबंध सूचना पद्धति, माइक्रो आयोजना और सर्वेक्षण से समुदाय आधारित सूचना के साथ स्कूल स्तरीय आँकड़ों का संबंध स्थापित करेगा। इसके अतिरिक्त प्रत्येक स्कूल एक नोटिस बोर्ड रखेगा जिसमें स्कूल द्वारा प्राप्त किए गए सारे अनुदान और अन्य ब्यौरे दरशाए जाएँगे।

आयोजना एकक के रूप में बस्ती : सर्वशिक्षा अभियान आयोजना की इकाई के रूप में बस्ती के साथ योजना बनाते हुए समुदाय आधारित दृष्टिकोण पर कार्य करता है। बस्ती योजनाएँ जिले की योजनाएँ तैयार करने का आधार होंगी।

समुदाय के प्रति जवाबदेही : सर्वशिक्षा अभियान में शिक्षकों, अभिभावकों और पंचायती राज संस्थाओं के बीच सहयोग तथा जवाबदेही एवं पारदर्शिता की परिकल्पना की गई है।

लड़कियों की शिक्षा : लड़कियों–विशेषकर अनुसूचित जाति एवं अनुसूचित जनजाति की लड़कियों–की शिक्षा सर्वशिक्षा अभियान का एक प्रमुख लक्ष्य होगा।

विशेष समूहों पर विशेष ध्यान : अनुसूचित जाति, अनुसूचित जनजाति, धार्मिक एवं भाषाई अल्पसंख्यकों, वंचित वर्गों के बच्चों और विकलांग बच्चों की शैक्षिक सहभागिता पर विशेष ध्यान दिया जाएगा।

परियोजना पूर्व चरण : सर्वशिक्षा अभियान पूरे देश में सुनियोजित रूप से परियोजना पूर्व चरण प्रारंभ करेगा, जो वितरण और निरीक्षण (मॉनीटरिंग) पद्धति को सुधारकर क्षमता विकास के कार्यक्रम चलाएगा।

गुणवत्ता पर बल देना : सर्वशिक्षा अभियान पाठ्यचर्या में सुधार करके तथा बाल–केंद्रित कार्यकलापों और प्रभावी शिक्षण–पद्धतियों को अपनाकर प्रारंभिक स्तर तक शिक्षा को उपयोगी और प्रासंगिक बनाने पर विशेष बल देता है।

शिक्षकों की भूमिका : सर्वशिक्षा अभियान शिक्षकों की महत्त्वपूर्ण भूमिका को स्वीकार करता है और उनकी विकास संबंधी आवश्यकताओं पर ध्यान देने का समर्थन करता है।

प्रखंड संसाधन केंद्र : सामूहिक संसाधन केंद्र की स्थापना, योग्य शिक्षकों की नियुक्ति, पाठ्यचर्या से संबंधित सामग्री के विकास में सहयोग के जरिए शिक्षक विकास के अवसर, शिक्षा संबंधी प्रक्रियाओं पर ध्यान देना और शिक्षकों

के एक्सपोजर दौरे शिक्षकों के बीच मानव संसाधन को विकसित करने के उद्देश्य से तैयार किए जाते हैं।

जिला प्रारंभिक शिक्षा योजनाएँ : सर्वशिक्षा अभियान के कार्य ढाँचे के अनुसार प्रत्येक जिला एक जिला प्रारंभिक शिक्षा योजना तैयार करेगा, जो संकेंद्रित और समग्र दृष्टिकोण से युक्त प्रारंभिक शिक्षा के क्षेत्र में किए गए सभी निवेशों को दरशाएगा।

जिला प्रारंभिक शिक्षा योजना : सर्वशिक्षा अभियान ढाँचे के अनुसार प्रत्येक जिला प्रारंभिक शिक्षा के क्षेत्र में समग्र एवं केंद्रित दृष्टिकोण के साथ निवेश किए जानेवाले और उसके लिए जरूरी राशि को प्रदर्शित करनेवाली एक जिला प्रारंभिक शिक्षा योजना तैयार करेगा। यहाँ एक प्रत्यक्ष योजना होगी, जो दीर्घावधि तक सार्वभौमिक प्रारंभिक शिक्षा के लक्ष्य को प्राप्त करने की गतिविधियों को ढाँचा प्रदान करेगी। उसमें एक वार्षिक कार्ययोजना एवं बजट भी होगा, जिसमें साल भर में प्राथमिकता के आधार पर संपादित की जानेवाली गतिविधियों की सूची होगी। प्रत्यक्ष योजना एक प्रामाणिक दस्तावेज होगा, जिसमें कार्यक्रम कार्यान्वयन के मध्य में निरंतर सुधार भी होगा।

वित्तीय प्रतिमानक

सर्व शिक्षा अभियान के लिए केंद्र और राज्य सरकारों के बीच वित्तीय भागीदारी नौवीं योजनावधि के दौरान 85:15, दसवीं योजना में 75:25 तथा उसके बाद यह 50:50 की होगी। लागत को वहन करने की वचनबद्धता राज्य सरकारों से लिखित रूप में ली जाएगी।

भारत सरकार राज्य कार्यान्वयन सोसाइटी को ही सीधे निधियाँ जारी करेगी तथा राज्य सरकार के हिस्से की कम-से-कम 50 प्रतिशत राशि राज्य कार्यान्वयन सोसाइटियों को अंतरित करने तथा इस राशि के व्यय के बाद ही केंद्र सरकार अगली किश्त जारी करेगी।

सर्वशिक्षा अभियान के अंतर्गत नियुक्त किए गए शिक्षकों के वेतन में केंद्र सरकार और राज्य सरकार की भागीदारी नौवीं योजनावधि के दौरान 85:15 के अनुपात में, दसवीं योजना अवधि के दौरान 75:25 के अनुपात में तथा इसके बाद 50:50 के अनुपात में होगी।

बाह्य सहायता प्राप्त परियोजनाओं के संबंध में किए गए सभी विधिक समझौते लागू रहेंगे, जब तक कि विदेशी निधियाँ प्रदान करनेवाली एजेंसी से

विचार-विमर्श करके इसमें कोई विशिष्ट संशोधन करने पर सहमति नहीं हो जाती।

विभाग की मौजूदा योजनाएँ राष्ट्रीय शिक्षक शिक्षा परिषद् के अलावा नौवीं योजना के बाद मिला दी जाएँगी। प्राथमिक शिक्षा की राष्ट्रीय पोषाहार सहायता कार्यक्रम योजना (मध्याह्न भोजन योजना) एक विशिष्ट योजना के रूप में कायम रहेगी, जिसमें खाद्यान्न एवं यातायात की लागत केंद्र सरकार द्वारा वहन की जाएगी तथा भोजन पकाने की लागत राज्य सरकारों द्वारा वहन की जाएगी।

जिला शिक्षा योजना अन्य बातों के साथ-साथ यह स्पष्ट रूप से दरशाती है कि जवाहर रोजगार योजना, प्रधानमंत्री रोजगार योजना, सुनिश्चित रोजगार योजना, सांसद-विधायक के लिए क्षेत्रीय निधियाँ, राज्य योजना जैसी योजनाएँ तथा विदेशी निधियाँ एवं गैर-सरकारी क्षेत्र में जुटाए गए संसाधन के अंतर्गत विभिन्न घटकों से निधि व संसाधन उपलब्ध कराए जाते हैं।

स्कूलों के स्तर में वृद्धि, रख-रखाव, मरम्मत तथा अध्ययन-अध्यापन उपस्करों एवं स्थानीय प्रबंधन के लिए प्रयोग की जानेवाली सभी निधियाँ ग्रामीण शिक्षा समिति तथा स्कूल प्रबंधन समिति को हस्तांतरित कर दी जाएँगी।

अन्य प्रोत्साहन योजनाओं, जैसे छात्रवृत्तियाँ व वर्दियाँ (स्कूल ड्रेस) प्रदान करने के लिए राज्य योजना के अंतर्गत निधियाँ जारी की जाती रहेंगी। इन्हें सर्वशिक्षा अभियान से निधियाँ नहीं दी जाएँगी।

शिक्षक

- प्राथमिक और उच्च प्राथमिक विद्यालयों में प्रत्येक 40 बच्चों पर एक शिक्षक।
- प्राथमिक विद्यालय में कम-से-कम दो शिक्षक।

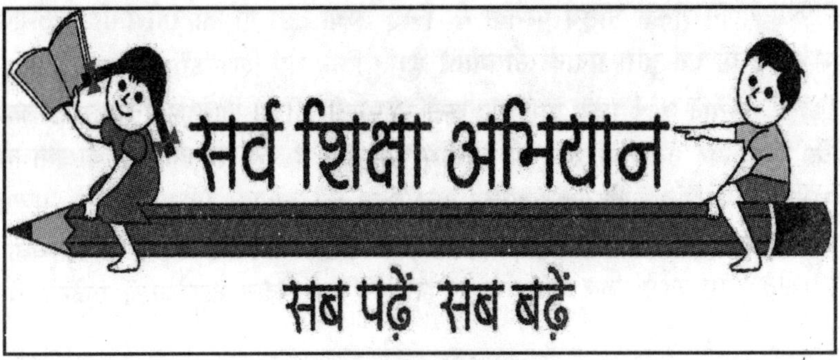

• उच्च प्राथमिक विद्यालय में प्रत्येक वर्ग के लिए एक शिक्षक।

२. स्कूल/वैकल्पिक स्कूली सुविधा

• प्रत्येक निवास-स्थान व घर से एक किलोमीटर के भीतर ।

• राज्य मानक के अनुसार और नए स्कूल खोलने या उन गाँवों या अधिवास क्षेत्रों में ई.जी.एस. के समान स्कूल की स्थापना का प्रावधान।

उच्च प्राथमिक शिक्षा व क्षेत्र

• आवश्यकता के अनुरूप प्राथमिक शिक्षा पूरी कर रहे बच्चों की संख्या के आधार पर प्रत्येक दो प्राथमिक विद्यालय पर एक उच्च प्राथमिक विद्यालय की स्थापना।

अध्ययन कक्ष (क्लास रूम)

• प्रत्येक शिक्षक या प्रत्येक वर्ग या श्रेणी के लिए एक कक्ष, जो भी प्राथमिक या उच्च प्राथमिक स्कूल में नीचे हों, वहाँ इस प्रावधान के साथ कि प्रत्येक प्राथमिक विद्यालय में बरामदा सहित दो कक्ष के साथ दो शिक्षकों का प्रावधान हो।

• उच्च प्राथमिक विद्यालय या वर्ग में हेड मास्टर के लिए एक अलग कक्ष का प्रावधान।

निःशुल्क पाठ्य पुस्तक

• प्रति बच्चे की अधिकतम सीमा के अंतर्गत प्राथमिक एवं उच्च प्राथमिक स्कूलों में पढ़नेवाली सभी लड़कियों तथा अनुसूचित जाति व अनुसूचित जनजाति वर्ग के सभी बच्चों को निःशुल्क पुस्तकें।

• निःशुल्क पाठ्य पुस्तक के लिए राज्यों द्वारा दी जा रही निधि वर्तमान में राज्य योजना द्वारा प्रदान की जाती है।

• यदि कोई राज्य प्रारंभिक वर्गों में बच्चों की दी जानेवाली पाठ्य पुस्तक के मूल्य पर आंशिक रूप से वित्तीय सहायता दे रही है तो ऐसी स्थिति में सर्वशिक्षा अभियान के तहत बच्चों द्वारा वहन की जा रही राशि का भाग, राज्यों को आर्थिक सहायता के रूप में देय नहीं होगा।

सिविल कार्य

• पी.ए.बी. द्वारा प्रत्यक्ष परियोजना के आधार पर पूरी परियोजना अवधि वर्ष 2010 तक के लिए स्वीकृत निधि के अनुसार सिविल कार्य के लिए कार्यक्रम निधि पूरी परियोजना लागत के 33 प्रतिशत की सीमा से अधिक नहीं होगी।

• 33 प्रतिशत की इस सीमा में भवन की मरम्मत व देखभाल पर होने वाला खर्च शामिल नहीं होगा।

• हालाँकि किसी खास वर्ष में वार्षिक योजना के 40 प्रतिशत तक सिविल कार्य के लिए स्वीकार किया जा सकता है, बशर्ते कि उस वर्ष कार्यक्रम के विभिन्न घटक को पूरा करने के लिए खर्च निर्धारित किया गया हो। लेकिन यह खर्च पूरी परियोजना के 33 प्रतिशत की सीमा के अंतर्गत होगा।

स्कूल भवन की देखभाल एवं मरम्मत

• केवल स्कूल प्रबंधन समिति व ग्राम शिक्षा समिति के माध्यम से।

• स्कूल समिति के विशिष्ट प्रस्ताव के अनुसार प्रति वर्ष 5 हजार रुपए तक।

• सामुदायिक सहायता के तत्त्व अवश्य शामिल हों।

• भवन की देखभाल और मरम्मत पर किए गए खर्च को सिविल कार्य के लिए निर्धारित 33 प्रतिशत की सीमा रेखा के भीतर गणना करते समय शामिल नहीं किया जाएगा।

• निधि केवल उन स्कूलों के लिए उपलब्ध होगी, जिनका उस समय अपना भवन उपलब्ध हो।

राज्य प्रतिमानक के अनुसार ई.जी.एस. का नियमित स्कूल में उन्नयन या नए प्राथमिक स्कूल की स्थापना

• प्रति स्कूल 10 हजार रुपए की दर से टी.एल.ई. का प्रावधान।

• स्थानीय संदर्भ एवं जरूरत के अनुसार टी.एल.ई.।

• टी.एल.ई. के चयन एवं अर्जन में शिक्षक एवं अभिभावक की संलग्नता जरूरी।

• अर्जन के सर्वश्रेष्ठ तरीके का निर्णय ग्राम शिक्षा समिति व स्कूल-ग्राम स्तरीय वैध निकाय लेंगे।

• ई.जी.एस. केंद्र के उन्नयन से पहले उसका दो वर्ष तक सफलतापूर्वक कार्य संचालन जरूरी।

शिक्षक और कक्ष के लिए प्रावधान

उच्च प्राथमिक विद्यालय के लिए टी.एल.ई.

• अनाच्छादित स्कूल के लिए 50 हजार रुपए प्रति स्कूल की दर से।

• स्थान विशेष की जरूरत के अनुरूप, जिसका निर्धारण शिक्षक व स्कूल समिति करेंगे।

• विद्यालय समिति, शिक्षकों के परामर्श से अर्जन के सर्वश्रेष्ठ तरीकों का निर्णय करेगी।

• यदि वित्तीय लाभ हो तो स्कूल समिति, जिला स्तरीय अर्जन की सिफारिश कर सकती है।

शिक्षक प्रशिक्षण

• प्रत्येक वर्ष सभी शिक्षक के लिए 20 दिन का सेवाकाल पाठ्यक्रम का प्रावधान। पहले से ही नियुक्त अप्रशिक्षित शिक्षक के लिए 60 दिन का रिफ्रेशर पाठ्यक्रम और नए प्रशिक्षित नियुक्त शिक्षक के लिए 30 दिन का 70 रुपए की दर से अभिसंस्करण (ओरिएंटेशन) कार्यक्रम।

सामुदायिक नेताओं का प्रशिक्षण

• साल में 2 दिन गाँव के अधिकतम 8 लोगों (महिलाओं को प्राथमिकता) को।

• प्रति व्यक्ति 30 रुपए प्रतिदिन की दर से।

विकलांगों के लिए प्रावधान

• विशेष प्रस्ताव के अनुसार, विकलांग बच्चों को शामिल करने के लिए प्रति वर्ष 1,200 रुपए तक प्रति बच्चे।

• संसाधन संस्थान की संलग्नता को बढ़ावा दिया जाएगा।

प्रखंड/टोला संसाधन केंद्र

सामान्यतया प्रत्येक सामुदायिक विकास प्रखंड में एक प्रखंड संसाधन केंद्र होगा। फिर भी, ऐसे राज्य जहाँ शैक्षिक प्रखंड या अंचल के समान उप-जिला शैक्षिक प्रशासनिक संरचना के क्षेत्राधिकार की सीमा सामुदायिक विकास प्रखंड

से मेल नहीं खाती हो, तो राज्य उस उप-जिला शैक्षिक प्रशासन इकाई में प्रखंड संसाधन केंद्र का प्रावधान कर सकता है। हालाँकि, वैसी स्थिति में, सामुदायिक विकास प्रखंड में प्रखंड संसाधन केंद्र/टोला संसाधन केंद्र पर होनेवाले पूरे खर्च, आवर्तक एवं अनावर्तक दोनों, उस सामुदायिक विकास प्रखंड में एक प्रखंड संसाधन केंद्र खोले जाने के लिए स्वीकृत बजट से अधिक नहीं होगा।

- जहाँ तक संभव हो, प्रखंड संसाधन केंद्र/टोला संसाधन केंद्र स्कूल प्रांगण में स्थित होंगे।
- जहाँ जरूरी हो, प्रखंड संसाधन केंद्र भवन निर्माण के लिए 6 लाख रुपए की सहायता।
- जहाँ जरूरी हो, टोला संसाधन केंद्र भवन निर्माण के लिए 2 लाख रुपए। इस भवन का उपयोग विद्यालय में अतिरिक्त कक्ष के रूप में किया जाना चाहिए।
- किसी भी वर्ष में किसी भी जिले में कार्यक्रम के अंतर्गत पूरे प्रस्तावित खर्च का 5 प्रतिशत से अधिक गैर-विद्यालय (प्रखंड संसाधन केंद्र/टोला संसाधन केंद्र) निर्माण पर खर्च नहीं होना चाहिए।

जिला प्राथमिक शिक्षा कार्यक्रम

केंद्र द्वारा प्रायोजित जिला प्राथमिक शिक्षा कार्यक्रम (डी.पी.ई.पी.) वर्ष 1994 में शुरू किया गया था। इसका उद्देश्य प्राथमिक शिक्षा-प्रणाली में फिर से जान फूँकना और प्राथमिक शिक्षा के सार्वभौमीकरण का लक्ष्य पूरा करना था।

कार्यक्रम मानदंडों के अनुसार 5-7 वर्ष की अवधि के लिए प्रति जिला निवेश सीमा 40 करोड़ रुपए है। इसमें निर्माण कार्यों पर 33.3 प्रतिशत और प्रबंधन मद में व्यय सीमा 6 प्रतिशत है। शेष राशि गुणवत्ता सुधार कार्यक्रमों के लिए है।

डी.पी.ई.पी. बाहरी सहायता से चलनेवाला कार्यक्रम है। परियोजना व्यय का 85 प्रतिशत केंद्र सरकार द्वारा एवं शेष 15 प्रतिशत संबंधित राज्य सरकारों द्वारा वहन किया जाता है। केंद्र सरकार का हिस्सा विदेशों से प्राप्त सहायता के माध्यम से आता है। वर्तमान में विदेशी सहायता लगभग 6,938 करोड़ रुपए है, जिसमें से 5,137 करोड़ रुपए अंतरराष्ट्रीय विकास एजेंसी (आई.डी.ए.) से ऋण के रूप में तथा शेष 1,801 करोड़ रुपए अनुदान के रूप में हैं।

डी.पी.ई.पी. की प्रमुख उपलब्धियाँ

• डी.पी.ई.पी. ने अभी तक 1,60,000 से अधिक स्कूल खोले हैं, जिसमें लगभग 84,000 वैकल्पिक शिक्षण केंद्र हैं। इन वैकल्पिक शिक्षण केंद्रों में 35 लाख बच्चे शिक्षा ग्रहण कर रहे हैं, जबकि अन्य 2 लाख बच्चे विभिन्न प्रकार के सेतु (ब्रिज) पाठ्यक्रमों का लाभ उठा रहे हैं।

• डी.पी.ई.पी. के अंतर्गत तैयार किया गया स्कूली ढाँचा उल्लेखनीय है। 52,758 स्कूली भवनों, 58,604 अतिरिक्त कक्षाओं, 16,619 संसाधन केंद्रों, 29,307 मरम्मत कार्यों, 64,592 शौचालयों और 24,909 पेयजल सुविधाओं के निर्माण का कार्य या तो पूरा हो चुका है या प्रगति पर है।

• बालिकाओं के दाखिले में अच्छा-खासा सुधार हुआ है। कुल नामांकनों की तुलना में बालिकाओं के नामांकन में वृद्धि हुई है।

• सभी परियोजना गाँवों व रिहायशी इलाकों के स्कूलों में ग्राम शिक्षा समितियों व स्कूल प्रबंधन समितियों का गठन किया गया है।

• अंशकालिक शिक्षकों, शिक्षाकर्मियों सहित अध्यापकों की नियुक्ति की गई है।

• शिक्षा संबंधी सहायता और शिक्षण-प्रशिक्षण सुविधाएँ उपलब्ध कराने के लिए प्रखंड स्तर पर नए संसाधन केंद्र और समूह स्तर पर केंद्रों की स्थापना की गई है।

13

प्राथमिक शिक्षा और महिला साक्षरता

विद्वत्ता अच्छे दिनों में आभूषण, विपत्ति में सहायक और बुढ़ापे में संचित धन है।
—हितोपदेश

प्राथमिक शिक्षा ऐसा आधार है, जिस पर देश तथा उसके नागरिक का विकास निर्भर करता है। हाल के वर्षों में भारत ने प्राथमिक शिक्षा में नामांकन, छात्रों की संख्या बरकरार रखने, उनकी नियमित उपस्थिति दर और साक्षरता के प्रसार के संदर्भ में काफी प्रगति की है। जहाँ भारत की उन्नत शिक्षा-पद्धति को भारत के आर्थिक विकास का मुख्य योगदानकर्ता तत्त्व माना जाता है, वहीं भारत में आधारभूत शिक्षा की गुणवत्ता काफी चिंता का विषय है।

साक्षर भारत मिशन

सरकार ने वर्ष 2010 में अंतरराष्ट्रीय साक्षरता दिवस के अवसर पर साक्षर भारत मिशन का शुभारंभ किया। इसका उद्‌देश्य निरक्षरता विशेष रूप से महिलाओं में निरक्षरता को कम करना है। आबादी का एक-तिहाई हिस्सा अभी तक निरक्षर है और महिलाओं की करीब आधी आबादी पढ़-लिख नहीं सकती। भारत में निरक्षर लोगों की संख्या दुनिया में सबसे अधिक है। उपेक्षित वर्गों को साक्षर करना सरकार के सामने बड़ी चुनौती है।

सरकार ने वर्ष 2012 तक 80 प्रतिशत लोगों को साक्षर बनाने का लक्ष्य हासिल करने के लिए साक्षर भारत मिशन आरंभ किया है। शिक्षा सशक्तीकरण, ज्ञान, सभ्यता और राष्ट्र को सामाजिक व आर्थिक रूप से आगे बढ़ाने में मदद करती है। भूख, बीमारी और गरीबी से लड़ने में शिक्षा मूल्यवान् हथियार का काम करती है। साक्षरता ज्ञान के लिए मार्ग प्रशस्त करती है। साक्षर भारत मिशन के लिए 65 हजार करोड़ रुपए से अधिक की राशि में से केंद्र 75 प्रतिशत खर्च उठाएगा और शेष 25 प्रतिशत भार राज्य वहन करेंगे। हालाँकि' 90 के दशक में साक्षरता की दर में तेजी से बढ़ोतरी हुई और वर्ष 2001 में यह दर 65 प्रतिशत तक पहुँच गई थी। लेकिन दस वर्ष के पश्चात् आज भी देश के एक-तिहाई लोग और आधी महिलाएँ लिख-पढ़ नहीं सकतीं। इन सबको देखते हुए सरकार ने अगले तीन वर्षों में 80 प्रतिशत जनसंख्या को साक्षर बनाने का लक्ष्य रखा है, क्योंकि निरक्षरता गाँवों में ज्यादा है। इस कार्यक्रम का केंद्र-बिंदु ग्रामीण इलाकों में रहेगा। 365 जिले ऐसे हैं, जहाँ पर महिला साक्षरता 50 प्रतिशत या उससे भी कम है तथा 33 जिले वामपंथी उग्रवाद से प्रभावित हैं। वहाँ पर 100 प्रतिशत साक्षरता लाने का कार्यक्रम है। 7 करोड़ लोगों को साक्षर करने का जो लक्ष्य रखा गया है उनमें से 6 करोड़ महिलाएँ होंगी।

साक्षरता की राह में चुनौती

निरक्षरता की रेत को मुट्‌ठी में बाँधने की सरकार की कोशिश में 6 से 7 प्रतिशत बच्चे चुनौती बन गए हैं, जिन्हें शिक्षा के दायरे में लाना दुष्कर हो गया है। केंद्र सरकार का इरादा वर्ष 2010 तक देश में सभी बच्चों को स्कूलों में पहुँचाने का है, लेकिन 11वीं योजना का जो मसौदा तैयार किया गया है, उसमें स्पष्ट रूप से कहा गया है कि अंतिम 6 से 7 प्रतिशत बच्चों को शिक्षा की परिधि में लाना चुनौती है, जिन तक पहुँच कठिन है।

विशेषज्ञों का मानना है कि आजादी के बाद से भारत ने निरक्षरता से मुक्ति पाने की दिशा में महती उपलब्धि हासिल की है और वर्ष 2001 में जहाँ 6 से 14 साल के 4.4 करोड़ बच्चे स्कूलों का मुँह नहीं देख पा रहे थे, वहीं यह आँकड़ा वर्ष 2006-07 में घटकर मात्र करीब 70 लाख पर आ गया।

यूनेस्को ने दुनिया से निरक्षरता को समाप्त करने के लिए 17 नवंबर, 1965 को 8 सितंबर को अंतरराष्ट्रीय साक्षरता दिवस घोषित किया। इसका उद्देश्य व्यक्तियों और समुदायों में साक्षरता के महत्त्व को रेखांकित करना है।

यूनेस्को की वर्ष 2009 में जारी एजुकेशन फॉर ऑल मॉनिटरिंग रिपोर्ट के ही आँकड़े बताते हैं कि भारत, नाइजीरिया और पाकिस्तान में मिलाकर दुनिया के 27 प्रतिशत बच्चे स्कूलों से बाहर हैं। जहाँ तक वयस्क साक्षरता की बात है, दक्षिण और पश्चिम एशिया, भारत, बँगलादेश और पाकिस्तान में 60 प्रतिशत लोग समझ के साथ लिख-पढ़ सकते हैं।

यूनेस्को का आकलन है कि दुनिया के 127 देशों में 101 देश ऐसे हैं, जो पूर्ण साक्षरता हासिल करने से दूर हैं, जिनमें भारत भी शामिल है। इनमें से 72 देश तो ऐसे हैं, जो वर्ष 2015 तक अपनी वयस्क निरक्षरता स्तर को आधा भी नहीं कर पाएँगे।

भारत में करीब 70 लाख बच्चे स्कूलों में नहीं जा रहे हैं और यह उन 17 देशों में शामिल हैं, जहाँ प्राथमिक शिक्षा से लड़कियों का पलायन ज्यादा है।

भारत ने हालाँकि संसाधनों की किल्लत और आधारभूत ढाँचे के अभाव के बावजूद साक्षरता के क्षेत्र में तेजी से कदम बढ़ाया है और देश में सन् 1991 में साक्षरता दर जहाँ 52.21 प्रतिशत थी, वहीं इसके अगले दशक में यह बढ़कर 64.84 प्रतिशत पर पहुँच गई।

साक्षरता दर के आधार पर भारत के राज्य

यह सूची भारत के राज्यों की साक्षरता दर के आधार पर बनाई गई है। राष्ट्रीय परिवार स्वास्थ्य सर्वेक्षण एक बड़े पैमाने पर सर्वेक्षण है, जो स्वास्थ्य और जन-कल्याण मंत्रालय, भारत सरकार द्वारा नामित अंतरराष्ट्रीय जनसंख्या विज्ञान संस्थान, मुंबई द्वारा किया जाता है।

राज्य	साक्षरता दर (%)
मिजोरम	91.1
केरल	89.9

गोआ	83.3
हिमाचल प्रदेश	81.3
त्रिपुरा	80.2
महाराष्ट्र	77.6
सिक्किम	76.6
मणिपुर	76.5
असम	76.3
जम्मू और कश्मीर	66.7
आंध्र प्रदेश	63.7
छत्तीसगढ़	63.6
अरुणाचल प्रदेश	62.8
उत्तर प्रदेश	61.6
मध्य प्रदेश	60.9
झारखंड	58.6
राजस्थान	57.4
बिहार	54.1
उत्तराखंड	75.7
तमिलनाडु	74.2
पंजाब	74.0
नागालैंड	72.5
गुजरात	72.1
मेघालय	72.1
पश्चिम बंगाल	71.6
हरियाणा	71.4
कर्नाटक	69.3
उड़ीसा	68.8
पूर्ण भारत	67.6

साक्षर कौन?

सात वर्ष अथवा इससे अधिक उम्र का कोई व्यक्ति, जो किसी भाषा में समझ के साथ पढ़ व लिख सकता है, को साक्षर माना जाता है। एक व्यक्ति जो केवल पढ़ सकता है परंतु लिख नहीं सकता, साक्षर नहीं है।

वर्ष 2001 के अंतिम परिणामों से यह पता चलता है कि देश में साक्षरता में वृद्धि हुई है। देश में साक्षरता दर 64.84 प्रतिशत है, 75.26 पुरुषों की और 53.67 स्त्रियों की।

केरल ने 90.86 प्रतिशत साक्षरता दर के साथ शीर्ष पर अपनी स्थिति बरकरार रखी है, उसके बाद काफी कम अंतर से मिजोरम (88.80 प्रतिशत) और लक्षद्वीप (86.66 प्रतिशत) का स्थान आता है। 47 प्रतिशत की साक्षरता दर के साथ देश में बिहार का स्थान अंतिम है। इसके पहले झारखंड (53.56 प्रतिशत) तथा जम्मू और कश्मीर (55.52 प्रतिशत) का स्थान है। केरल देश में 94.24 प्रतिशत की पुरुष साक्षरता और 37.72 प्रतिशत की स्त्री साक्षरता दोनों में भी शीर्ष स्थान रखता है। इसके ठीक विपरीत बिहार में पुरुष (59.68 प्रतिशत) और स्त्री (33.12 प्रतिशत) दोनों साक्षरता दरों में निम्नतम स्थान रखता है।

आँकड़ों से परे हकीकत

संयुक्त राष्ट्र सहस्राब्दी लक्ष्य में लैंगिक समानता और महिला सशक्तीकरण का लक्ष्य रखा गया है। भारत में महिलाएँ हर क्षेत्र में पुरुषों की बराबरी कर रही हैं, पर शिक्षा के क्षेत्र में समानता लाए जाने के प्रयास जारी हैं।

भारत में महिलाओं की स्थिति बेहतर मानी जाती है, लेकिन यह भी सच है कि अभी बहुत कुछ किया जाना बाकी है। घूँघट में छिपे चेहरों में आज आत्मविश्वास की इतनी ललक है कि हर क्षेत्र में पुरुषों के कंधे-से-कंधा मिलाकर चलने में भी उन्हें कोई गुरेज नहीं है; लेकिन आँकड़ों पर यदि नजर डाली जाए तो वर्ष 2001 की जनगणना में भारत में लगभग 54 प्रतिशत महिलाएँ साक्षर थीं। यदि लैंगिक समानता और महिला सशक्तीकरण के संदर्भ में संयुक्त राष्ट्र द्वारा निर्धारित सहस्राब्दी लक्ष्य की बात की जाए तो वर्ष 2015 तक प्राथमिक शिक्षा में लड़कों और लड़कियों का अनुपात शत प्रतिशत होना चाहिए, जो 2005 में 91 प्रतिशत पहुँच चुका था। इसी तरह माध्यमिक शिक्षा में भी लड़के व लड़कियों का अनुपात 100 प्रतिशत होना चाहिए और वर्ष 2003 में यह दर 70 प्रतिशत पहुँच गई थी। शिक्षाविद् कहते हैं कि महिलाओं के साक्षर होने से कुछ नहीं होगा बल्कि उन्हें शिक्षित भी होना पड़ेगा।

मानव संसाधन और विकास मंत्रालय की एक रिपोर्ट में कहा गया है कि प्राथमिक शिक्षा के उद्देश्य को तब तक प्राप्त नहीं किया जा सकता जब तक सभी लड़कियों को शिक्षा व्यवस्था से नहीं जोड़ लिया जाता। भारत में इन दिनों औपचारिक स्कूल व्यवस्था को उन क्षेत्रों में सशक्त किया जा रहा है, जहाँ लड़कियों को प्राथमिक शिक्षा के बाद स्कूल नहीं भेजा जाता। लड़कियों के लिए स्कूल खोले जाने, महिला अध्यापकों की संख्या बढ़ाने और बड़ी उम्र की लड़कियों को शिक्षा से जोड़ने के लिए भी प्रयास किए जा रहे हैं।

सन् 1988 में शुरू किया गया राष्ट्रीय साक्षरता मिशन बताता है कि कुल अशिक्षित आबादी में महिलाओं की बहुत बड़ी संख्या है। यह मिशन वास्तव में महिलाओं को क्रियाशील साक्षरता प्रदान करने का मिशन है। महिला प्रौढ़ शिक्षा और युवतियों की शिक्षा के लिए भी देश में कई कार्यक्रम संचालित हैं। राष्ट्रीय बालिका शिक्षा कार्यक्रम के अंतर्गत जहाँ 31 हजार आदर्श विद्यालय विकसित किए गए और 2 लाख अध्यापकों को लैंगिक संवेदनशीलता में भी प्रशिक्षित किया गया। सवाल यह भी है कि वे कौन से कारण हैं, जो महिलाओं की कम साक्षरता के लिए जिम्मेदार हैं। विशेषज्ञों का मानना है कि सामाजिक भेदभाव और आर्थिक शोषण इसमें प्रमुख भूमिका निभाते हैं। सहस्राब्दी लक्ष्य अभी दूर

है, फिर भी उसे प्राप्त कर पाना अभी एक बड़ी चुनौती है।

60 प्रतिशत महिलाएँ भी साक्षर नहीं

पश्चिम बंगाल, बिहार, राजस्थान, उत्तर प्रदेश 'कर्नाटक' महाराष्ट्र जैसे घनी आबादीवाले राज्यों में देश के 70 प्रतिशत निरक्षर बसते हैं। सरकारी दावे के अनुसार, देश में 75.26 प्रतिशत पुरुष साक्षरता के मुकाबले महिला साक्षरता दर 53.67 प्रतिशत है।

पंचवर्षीय योजना में 85 प्रतिशत साक्षरता दर प्राप्त करने का लक्ष्य भले ही रखा गया हो, लेकिन आजादी के साठ साल बाद भी देश में लगभग आधी महिलाएँ निरक्षर हैं। पश्चिम बंगाल, बिहार, राजस्थान, उत्तर प्रदेश, कर्नाटक और महाराष्ट्र जैसे घनी आबादीवाले राज्यों में देश के 70 प्रतिशत निरक्षर बसते हैं। सरकारी दावे के अनुसार, देश में 75.26 प्रतिशत पुरुष साक्षरता के मुकाबले महिला साक्षरता दर 53.67 प्रतिशत है। सरकार ने 35 साल से ज्यादा उम्र के प्रौढ़ों को साक्षर बनाने से इनकार कर दिया है। 11वीं पंचवर्षीय योजना में इन अधेड़ युवाओं को साक्षरता के दायरे से बाहर कर दिया गया। सरकार की इस योजना का असर 35 साल पार के लगभग 15 करोड़ लोगों पर पड़ेगा।

दुनिया में सर्वाधिक (34.62 प्रतिशत) निरक्षर भारत में बसते हैं। तीन दशक पहले तत्कालीन प्रधानमंत्री राजीव गांधी द्वारा शुरू हुए राष्ट्रीय साक्षरता कार्यक्रम के बजट में लगातार कटौती की गई है। हालाँकि वर्ष 1991 और 2001 के पिछले दशक में साक्षरता दर में हुई वृद्धि पिछले चार दशकों में सर्वाधिक 12.63 प्रतिशत दर्ज की गई। 2003-2006 के दौरान 25.61 लाख लोगों को साक्षर बनाया जा सका। इनमें पुरुषों के 10.64 लाख के मुकाबले 14.77 लाख महिलाएँ साक्षर बनीं। साक्षरता कार्यक्रमों में शामिल होनेवाली 60 प्रतिशत महिलाएँ हैं। कार्यक्रम में शामिल 23 प्रतिशत लोग एस.सी. और एस.टी. समुदायों से हैं।

597 जिलों को साक्षरता कार्यक्रम में शामिल किया गया है। इनमें 95

जिलों में साक्षरता दर 20–30 प्रतिशत है। सरकार ने 134 जिलों में विशेष साक्षरता अभियान की शुरुआत की है। 47 जिलों में महिला साक्षरता दर तो 30 प्रतिशत से भी कम है। इनमें बिहार, उड़ीसा, उत्तर प्रदेश, झारखंड जैसे राज्य शामिल हैं। मुसलिम समुदाय में महज 40 प्रतिशत साक्षरता है। इनमें 61.4 प्रतिशत मुसलिम पुरुषों के मुकाबले 76.7 प्रतिशत मुसलिम महिलाएँ निरक्षर हैं।

शिक्षा प्रणाली की मरम्मत की जरूरत

- भारत में 26 करोड़ 80 लाख निरक्षर लोग रहते हैं, जो लिखने पढ़ने में बिलकुल असमर्थ हैं। यह विश्व की कुल निरक्षर जनसंख्या का तीसरा हिस्सा है।

- भारत शिक्षा के ऊपर अपने सकल घरेलू उत्पाद (जी.पी.डी.) उत्पाद का केवल 3.3 प्रतिशत ही खर्च करता है, जबकि विकसित देश इसकी तुलना में 5.8 प्रतिशत खर्च करते हैं।

- भारत के अधिकतर राज्यों में शिक्षा के कुल बजट का 95 प्रतिशत शिक्षकों के वेतन पर खर्च होता है, जबकि विद्यालय और अध्ययन सामग्री पर कभी–कभी 1 प्रतिशत से भी कम राशि खर्च होती है।

- विद्यालय जानेवाली 4 लड़कियों में से सिर्फ 1 ही दसवीं कक्षा तक की पढ़ाई पूरी कर पाती है, बाकी 3 बीच में ही पढ़ाई छोड़ देती हैं।

- भारत में महिलाएँ औसतन 1.8 वर्ष की विद्यालयी शिक्षा पाती हैं।

- सन् 2004 में स्कूल में भरती होनेवाले 3 करोड़ 20 लाख बच्चों में से आधे भी 8 साल तक विद्यालय नहीं गए।

- भारत में 1 करोड़ 30 लाख बाल श्रमिक हैं, जिनके जीवन की कहानी उसी दिन लिख गई थी जब वे पैदा हुए थे।

- अनुशासन में कमी, अव्यवस्था और बदतर परिस्थितियों का आलम यह है कि 4 में से 1 अर्थात् 25 प्रतिशत शिक्षक हमेशा कक्षा से अनुपस्थित रहते हैं।

- भारत में कक्षाओं का औसत आकार 40 विद्यार्थी प्रति कक्षा है। जबकि बिहार और उत्तर भारत में औसत एक कक्षा में 83 छात्र तक पहुँचता है।

- भारत के 75 प्रतिशत विद्यालयों में कई कक्षाओं के लिए सिर्फ एक ही शिक्षक होता है।

भारत में जो शिक्षा–पद्धति प्रचलित है, उसके कई पक्षों में सुधार करने

की आवश्यकता है। मसलन हमारी पूरी शिक्षा-प्रणाली और उसकी व्यवस्था में कुछ गंभीर खामियाँ पाठ्यक्रमों को लेकर ही नजर आती हैं। पाठ्यक्रम, जिनमें जेंडर संवेदनशीलता की नजर से बहुत ही आपत्तिजनक बातें सामने आती हैं। मुझे याद है, अपने बच्चों की दूसरी व तीसरी कक्षा की किताबों में छपी कविताएँ और पाठ जिनमें माँ को रसोई, दादी को पूजा-पाठ, दादा को अखबार पढ़ते, बेटे को क्रिकेट और बेटी को गुड़िया से खेलते दिखाया गया था। हम क्यों नहीं एक आत्मनिर्भर महिला के चरित्र को अपने पाठ्यक्रमों का हिस्सा बनाते? क्यों नहीं रसोई व पूजाघर से बाहर महिलाओं की और भी सक्रिय भूमिका दिखाई जाती?

हमारी शिक्षा व्यवस्था और सामाजिक सोच लड़कियों को बहुत सीमित भूमिकाओं में आँकती है और विकसित होते देखना चाहती है। वे अच्छी नर्स, एअर होस्टेस, रिसेप्शनिस्ट, अध्यापिका बनेंगी, यह हमारे लिए सहज स्वीकृत होता है। मगर वे एक अच्छी इंजीनियर, तकनीशियन, आर्किटेक्ट, पायलट, फौजी हो सकती हैं, यह न हम और न ही हमारे अध्यापक औपचारिक या अनौपचारिक ढंग से बच्चियों को सिखाते हैं। न ही शिक्षा के साथ-साथ उनके आत्मरक्षा, जेंडर संवेदनशीलता, हिंसात्मक व्यवहारों और परिस्थितियों, कानूनों की जानकारी, मानसिक स्वास्थ्य जैसे गंभीर मुद्दों पर बात ही करते हैं। ये बातें शायद हमें अजीब लगें, किंतु ये वे सच्चाइयाँ हैं, जो बचपन से शिक्षा के मार्फत बच्चों के दिमाग में एक पुरुष और एक स्त्री के आदर्शों, भूमिकाओं और व्यवहारों को तय करने में सहायक होती हैं। इन बातों की ओर न तो माता-पिता सोचते हैं, न ही हमारे अध्यापक-अध्यापिकाएँ।

दूसरी बात, स्कूलों में यौन शिक्षा को लेकर विवाद एक लंबे समय से चलता रहा है। उनके शारीरिक विकास के बारे में न तो घरों में ही संपूर्ण तरीके से माता-पिता बात करते हैं, न ही स्कूलों में। हाँ, साइंस में जरूर इस बारे में अनिवार्यतः विषय आते हैं, मगर उन विषयों को पढ़ाने से शिक्षक बचते हैं या सरसरी तौर पर पढ़ा देते हैं। बच्चों की बढ़ती उम्र में होनेवाले तमाम परिवर्तनों से जुड़े अनेक सवालों का जवाब देना पाठ्यक्रम का हिस्सा न होने पर भी शिक्षा का अभिन्न अंग होना चाहिए।

फिर अध्यापकों या अध्यापिकाओं के अपने प्रशिक्षण का गहरा सवाल है। वे जिस सोशलाइजेशन के साथ बड़े होते हैं उसी के साथ शिक्षण कार्य में भी उतरते हैं। अध्यापन प्रशिक्षणों में जेंडर संवेदनशीलता और ऐसे ही अन्य सामाजिक मुद्दों जैसे महिला अधिकार, कानूनों की सामान्य जानकारी, मानव व्यवहार, बाल संवेदनशील दृष्टिकोण, काउंसलिंग जैसे संदर्भों को शामिल नहीं

किया जाता। किया भी जाता है तो उनके बारे में कोई खास व्यावहारिक प्रयोग और परीक्षाएँ नहीं होतीं। लिहाजा प्रशिक्षण के बाद सीधे अध्यापन से जुड़े अध्यापकों के अपने बहुत से सवाल होते हैं, जिन्हें वे बच्चों को बताते हुए खुद के भरोसे रहते हैं।

आज हम जिस शिक्षा व्यवस्था में जी रहे हैं, उसमें व्यावसायिकता इतनी हावी होती जा रही है कि लैंगिक भेदभाव, महिला हिंसा, स्वास्थ्य, सुरक्षा जैसे समाज के गंभीर मुद्दों पर बात करने का समय ही नहीं है। वे जैसे दोयम और अनावश्यक बातें बनकर रह गई हैं। लिहाजा बच्चों को घरों में माता-पिता से समय के अभाव के कारण बात करने का मौका नहीं रहता और स्कूलों में पढ़ाई का बोझ किसी को भी इस ओर सोचने की फुरसत नहीं देता। पढ़ाई, परीक्षा, अंकों और डिवीजन की दौड़ में चाहे-अनचाहे व्यक्तित्व विकास की बहुत सी समस्याएँ अनसुलझी रह जाती हैं, जो किसी-न-किसी कुंठा, निराशा, भावनात्मक कमजोरियों, अपराध-वृत्तियों के रूप में उभरती हैं। फिर हम चिंता करते हैं कि आज के बच्चे शॉर्ट टेंपर्ड होते जा रहे हैं। उनमें नशाखोरी, आत्महत्या, यौन अपराधों की प्रवृत्तियाँ बढ़ रही हैं।

एक गंभीर समस्या और है, जो हमारी शिक्षा को किसी हद तक अर्थहीन बनाती है। खासतौर से मानवीय इतिहास के पाठ्यक्रमों को आलोचनात्मक नजरिए से परखे जाने की सख्त जरूरत है। हैरानी होती है सोचकर कि आज से तीस-पैंतीस साल पहले जो पाठ हमने पढ़े थे, हमारे बच्चे भी वही पाठ ठीक उसी ढर्रे पर पढ़ते आ रहे हैं। वर्णनात्मकता की जगह क्या उस इतिहास से कुछ सीखने और भविष्य की सामाजिक, राजनीतिक, आर्थिक नीतियों के मूल्यांकन को महत्त्व नहीं दिया जाना चाहिए? क्या यह संभव नहीं कि हम दहेज और महिला हिंसा जैसे मुद्दों पर पाठ्यक्रमों में ही सुधार और कानूनी समाकलन करें? क्या व्यावसायिक मार्गदर्शन और कैरियर काउंसलिंग जैसे कार्यक्रमों को स्कूली दौर से ही सेकंडरी एजुकेशन का हिस्सा नहीं बना देना चाहिए?

एक और बात। अंकों और प्रतिशत की दौड़ में बच्चा आगे भले ही रहे, मगर 'आगा दौड़, पीछा छोड़' की नीति पर चलते हुए वह कितना कुछ सीख पाता है, यह एक गंभीर चर्चा का विषय हो सकता है।

धार्मिक मुद्दों पर इतिहास का अपना मनगढ़ंत वर्णन, धार्मिक शिक्षा के नाम पर आचरणवाद और दूसरे धर्मों के प्रति असंवेदनशीलता का बढ़ना एक और समस्या है, जिस पर गौर किया जाना चाहिए। इतिहास में जो कुछ घटा उसका आज के संदर्भों और जरूरतों के अनुसार विश्लेषणात्मक अध्ययन और

अध्यापन किया ही जाना चाहिए।

जरूरत इस बात की है कि हम आज अपनी शिक्षा-प्रणाली का मूल्यांकन करें। ऐसे पाठ्यक्रमों को बढ़ावा दें, जो बच्चों में दैहिक, मानसिक और भावनात्मक संवेदनशीलता और समानता को बढ़ावा दें। हमें आज एक ऐसी शिक्षा व्यवस्था की जरूरत है, जो बच्चों में और युवा पीढ़ी में नागरिक जिम्मेदारी, राष्ट्र-प्रेम, आलोचनात्मक नजरिए और निर्णय क्षमताओं को प्रोत्साहित करे। जो उन्हें समय की माँग के अनुसार इनसानी जरूरतों व भावनाओं को समझना और समस्याओं से जूझना सिखाए।

और यह तभी हो सकता है जब हम अपने समसामयिक मुद्दों के प्रति सचेत हों। इसका एक बेहतर तरीका विभिन्न गैर-सरकारी संगठनों द्वारा चलाए जा रहे अनौपचारिक शिक्षा कार्यक्रमों के मॉडल को अपनाया जा सकता है। जो 'अ' से अनार की बजाय 'अ' से अधिकार और 'ज' से जहाज की बजाय 'ज' से जिम्मेदारी पढ़ा रहे हैं। हम वह न पढ़ाएँ जो हुआ था, बल्कि वह पढ़ाएँ जिसकी जरूरत है, जो भविष्य की दौड़ में हमें एक अच्छे और संवेदनशील इनसान की तरह जीना और व्यवसाय करना सिखाए।

14

उच्चतर शिक्षा

अनन्तशास्त्रं बहुलाश्च विद्याः, अल्पश्च कालो बहुविघ्नता च।

यद्सारभूतं तदुपासनीयं, हंसो यथा क्षीरमिवाम्बुमध्यात्।।

शास्त्र अनंत है, अनेक विद्याएँ हैं, समय अल्प है और बहुत सी बाधाएँ हैं। ऐसे में जो सारभूत है (सरलीकृत है) वही करने योग्य है, जैसे हंस पानी से दूध को अलग करके पी जाता है। **–चाणक्य**

भारत प्राचीन काल से उच्चतर शिक्षा के क्षेत्र में उत्कृष्टता का एक केंद्र रहा है। नालंदा, विक्रमशिला तथा तक्षशिला विश्व के कुछ सबसे प्राचीन विश्वविद्यालय हैं, जो अपने समय में उच्चतर शिक्षा के सर्वाधिक प्रतिष्ठित स्थल थे। दूर-दराज के देशों से विद्यार्थी इन विश्वविद्यालयों में शिक्षा प्राप्त करनेवाले थे। आज भारत में विश्व की एक सबसे बड़ी उच्चतर शिक्षा-प्रणाली है तथा यहाँ उच्चतर शिक्षा की कुछ विश्व स्तरीय संस्थाएँ भी मौजूद हैं।

उच्चतर शिक्षा की वर्तमान प्रणाली की शुरुआत सन् 1823 में माउंट स्टुअर्ट एल्फिन स्टोन के कार्यवृत्त से हुई, जिसमें अंग्रेजी तथा यूरोपीय विज्ञानों के अध्यापन के लिए विद्यालय स्थापित करने पर जोर दिया गया। तदनंतर वर्ष 1857 में कलकत्ता, बंबई तथा मद्रास विश्वविद्यालयों की स्थापना की गई, जिसके पश्चात् वर्ष 1887 में इलाहाबाद विश्वविद्यालय की स्थापना हुई।

भारत में एक राष्ट्रीय शिक्षा-प्रणाली का निरूपण करने का प्रथम प्रयास वर्ष 1944 में किया गया, जब शैक्षणिक विकास संबंधी केंद्रीय परामर्शी शिक्षा बोर्ड की रिपोर्ट में एक विश्वविद्यालय अनुदान समिति का गठन करने की

अनुशंसा की गई, जिसका गठन अलीगढ़, बनारस तथा दिल्ली के तीन केंद्रीय विश्वविद्यालयों के कार्य की देखरेख करने के लिए वर्ष 1945 में किया गया। स्वतंत्रता के बाद 29 अगस्त, 1947 को एक पूर्ण विकसित शिक्षा मंत्रालय की स्थापना की गई। वर्ष 1952 में केंद्र सरकार ने निर्णय लिया कि लोक निधियों से केंद्रीय विश्वविद्यालयों तथा उच्चतर शिक्षा संस्थाओं को सहायतानुदान के आवंटन से संबंधित सभी मामले विश्वविद्यालय अनुदान आयोग (यू.जी.सी.) को संदर्भित किए जाएँ। भारत में विश्वविद्यालय शिक्षा के मानकों के समन्वयन, निर्धारण तथा अनुरक्षण के लिए यू.जी.सी. की औपचारिक स्थापना संसद् के एक अधिनियम के जरिए भारत सरकार के एक सांविधिक निकाय के रूप में नवंबर 1950 में की गई थी। देश भर में प्रभावी क्षेत्रवार विस्तार सुनिश्चित करने के लिए यू.जी.सी. ने पुणे, हैदराबाद, कोलकाता, भोपाल, गुवाहाटी तथा बैंगलोर में छह क्षेत्रीय केंद्र स्थापित करके अपने प्रचालनों को विकेंद्रीकृत कर दिया है। यू.जी.सी. का मुख्यालय नई दिल्ली में है।

देश की उच्चतर शिक्षा-प्रणाली में शामिल संगठन

विश्वविद्यालय अनुदान आयोग (यू.जी.सी.) के दो उत्तरदायित्व निर्धारित किए गए हैं–निधियाँ उपलब्ध कराना तथा उच्चतर शिक्षा संस्थाओं में मानकों का समन्वयन, निर्धारण एवं अनुरक्षण करना।

कुछ सांविधिक व्यावसायिक परिषदें निम्नानुसार हैं–

भारतीय पुनर्वास परिषद् (आर.सी.ई)

भारतीय आयुर्विज्ञान परिषद् (एम.सी.आई.)

भारतीय भेषज परिषद् (पी.सी.आई.)

भारतीय कृषि अनुसंधान परिषद् (आई.सी.ए.आर.)

भारतीय वकील परिषद् (बी.सी.आई.)

राष्ट्रीय अध्यापक शिक्षा परिषद् (एन.सी.टी.ई.)

केंद्रीय भारतीय आयुर्विज्ञान (चिकित्सा) परिषद् (सी.सी.आई.एम.)

भारतीय दंत परिषद् (डी.सी.आई.)

केंद्रीय होम्योपैथी परिषद् (सी.सी.एच.)

अखिल भारत तकनीकी शिक्षा परिषद् (ए.आई.सी.टी.ई.)

दूरस्थ शिक्षा परिषद् (डी.ई.सी.)

मानव संसाधन विकास मंत्रालय के अधीन शिक्षा विभाग देश के समग्र शिक्षा परिदृश्य में सुधार लाने के साथ-साथ शिक्षा से संबंधित सरकार के विभिन्न कार्यक्रमों तथा नीतियों की आयोजना एवं कार्यान्वयन के लिए उत्तरदायी है।

माध्यमिक शिक्षा

माध्यमिक शिक्षा वास्तव में प्रारंभिक और उच्चतर शिक्षा के बीच एक कड़ी के रूप में कार्य करती है और इस संदर्भ में एक महत्त्वपूर्ण भूमिका निभाती है। एक बच्चे का भविष्य उसे माध्यमिक स्तर पर मिली शिक्षा पर निर्भर करता है। एक बच्चे की शिक्षा की जड़ें मजबूत करने के अलावा माध्यमिक शिक्षा एक बच्चे के शानदार भविष्य को आकार और दिशा देने में महत्त्वपूर्ण हो सकती है। शिक्षा के माध्यमिक स्तर में 14-18 वर्ष के आयु समूहवाले बच्चे शामिल हैं, जो कक्षा 9-10 से लेकर 11 और 12वीं कक्षा में पढ़ रहे हैं।

केंद्रीय शिक्षा विभाग के प्रशासनिक नियंत्रण के तहत आनेवाले संगठन इस प्रकार हैं–

केंद्रीय विद्यालय संगठन (के.वी.एस.)

नवोदय विद्यालय समिति (एन.वी.एस.)

केंद्रीय माध्यमिक शिक्षा मंडल (सी.बी.एस.ई.)

केंद्रीय शिक्षा प्रौद्योगिकी संस्थान (सी.आई.ई.टी.)

राष्ट्रीय मुक्त शिक्षण संस्थान (एन.आई.ओ.एस.)

केंद्रीय तिब्बती विद्यालय प्रशासन (सी.टी.एस.ए.)

राष्ट्रीय शैक्षिक अनुसंधान और प्रशिक्षण परिषद् (एन.सी.ई.आर.टी.)

विश्वविद्यालय एवं संस्थाएँ

एक विकासशील राष्ट्र के रूप में भारत उच्चतर शिक्षा पर काफी अधिक बल देता है। अनेक विशिष्टीकृत संस्थाओं, प्रशिक्षण केंद्रों तथा अन्य महाविद्यालयों सहित यहाँ काफी अधिक संख्या में महाविद्यालय व विश्वविद्यालय हैं, जो पाठ्यक्रम के चुनाव के लिए व्यापक पाठ्यक्रमों की पेशकश करते हैं। भारत के प्रदेशवार कुछ प्रमुख शिक्षण संस्थान निम्नलिखित हैं–

दिल्ली में विश्वविद्यालय

दिल्ली विश्वविद्यालय

जामिया मिल्लिया इस्लामिया

जवाहरलाल नेहरू विश्वविद्यालय

भारतीय विधि संस्थान (मानद विश्वविद्यालय)

नेशनल स्कूल ऑफ ड्रामा (मानद विश्वविद्यालय)

राष्ट्रीय संस्कृत संस्थान (मानद विश्वविद्यालय)

अखिल भारतीय आयुर्विज्ञान संस्थान

गुरु गोविंद सिंह इंद्रप्रस्थ विश्वविद्यालय

भारतीय विदेश व्यापार संस्थान (मानद विश्वविद्यालय)

भारतीय प्रौद्योगिकी संस्थान

इंदिरा गांधी राष्ट्रीय मुक्त विश्वविद्यालय

जामिया हमदर्द (मानद विश्वविद्यालय)

स्कूल ऑफ प्लानिंग एंड आर्किटेक्चर (मानद विश्वविद्यालय)

श्री लाल बहादुर शास्त्री राष्ट्रीय संस्कृत विद्यापीठ (मानद विश्वविद्यालय)

राष्ट्रीय शिक्षा आयोजना और प्रशासन विश्वविद्यालय (मानद विश्वविद्यालय)।

महाराष्ट्र में विश्वविद्यालय

मुंबई विश्वविद्यालय

डॉ. बाबा साहेब अंबेडकर प्रौद्योगिकी विश्वविद्यालय

डॉ. बालासाहेब सावंत कोंकण कृषि विद्यापीठ

डॉ. डी.वाई. पाटिल विद्यापीठ (मानद विश्वविद्यालय)

डॉ. पंजाबराव देशमुख कृषि विद्यापीठ

होमी भाभा राष्ट्रीय संस्थान (मानद विश्वविद्यालय)

अमरावती विश्वविद्यालय

भारतीय विद्यापीठ (मानद विश्वविद्यालय)

केंद्रीय मात्स्यिकी शिक्षा संस्थान (मानद विश्वविद्यालय)

दत्ता मेघे चिकित्सा विज्ञान संस्थान (मानद विश्वविद्यालय)

डेकन कॉलेज पोस्ट ग्रेजुएट एंड रिसर्च इंस्टीट्यूट (मानद विश्वविद्यालय)

डॉ. बाबा साहेब अंबेडकर मराठवाड़ा विश्वविद्यालय

भारतीय प्रौद्योगिकी संस्थान, मुंबई

इंदिरा गांधी अनुसंधान संस्थान (मानद विश्वविद्यालय)

युद्ध सामग्री प्रौद्योगिकी संस्थान (मानद विश्वविद्यालय)

रसायन प्रौद्योगिकी संस्थान (मानद विश्वविद्यालय)

सिंबायोसिस इंटरनेशनल यूनिवर्सिटी (मानद विश्वविद्यालय)

टाटा मूलभूत अनुसंधान संस्थान (मानद विश्वविद्यालय)

टाटा समाज विज्ञान संस्थान (मानद विश्वविद्यालय)

पुणे विश्वविद्यालय

विश्वेश्वरैया राष्ट्रीय प्रौद्योगिकी संस्थान (मानद विश्वविद्यालय)

यशवंतराव चव्हाण महाराष्ट्र मुक्त विश्वविद्यालय

अंतरराष्ट्रीय जनसंख्या विज्ञान संस्थान (मानद विश्वविद्यालय)

मराठवाड़ा कृषि विद्यापीठ

नागपुर विश्वविद्यालय

उत्तर महाराष्ट्र विश्वविद्यालय

प्रवर आयुर्विज्ञान संस्थान (मानद विश्वविद्यालय)
शिवाजी विश्वविद्यालय
सिंबायोसिस अंतरराष्ट्रीय शिक्षा केंद्र (मानद विश्वविद्यालय)।

उत्तर प्रदेश में विश्वविद्यालय

बनारस हिंदू विश्वविद्यालय
भातखंडे संगीत संस्थान (मानद विश्वविद्यालय)
बुंदेलखंड विश्वविद्यालय
अलीगढ़ मुस्लिम यूनिवर्सिटी
इलाहाबाद कृषि संस्थान (मानद विश्वविद्यालय)
मोतीलाल नेहरू प्रौद्योगिकी संस्थान (मानद विश्वविद्यालय)
नरेंद्र देव कृषि एवं प्रौद्योगिकी विश्वविद्यालय
संपूर्णानंद संस्कृत विश्वविद्यालय
संजय गांधी स्नातकोत्तर आयुर्विज्ञान संस्थान
सरदार वल्लभभाई पटेल कृषि एवं प्रौद्योगिकी विश्वविद्यालय
शोभित अभियांत्रिकी और प्रौद्योगिकी संस्थान (मानद विश्वविद्यालय)
यू.पी. राजर्षि टंडन मुक्त विश्वविद्यालय
इलाहाबाद विश्वविद्यालय
लखनऊ विश्वविद्यालय
दीनदयाल उपाध्याय गोरखपुर विश्वविद्यालय
डॉ. भीमराव अंबेडकर विश्वविद्यालय
डॉ. राम मनोहर लोहिया अवध विश्वविद्यालय
भारतीय सूचना प्रौद्योगिकी संस्थान (मानद विश्वविद्यालय)
भारतीय प्रौद्योगिकी संस्थान, कानपुर
भारतीय शालिहोत्री अनुसंधान संस्थान (मानद विश्वविद्यालय)
इंटेग्रल विश्वविद्यालय
किंग जॉर्ज चिकित्सा विश्वविद्यालय
एम.जे.पी. रोहिलखंड विश्वविद्यालय

महात्मा गांधी काशी विद्यापीठ

उत्तर प्रदेश तकनीकी विश्वविद्यालय

बी.वी.एस. पूर्वांचल विश्वविद्यालय

बाबा साहेब भीमराव अंबेडकर विश्वविद्यालय

केंद्रीय उच्च तिब्बती अध्ययन संस्थान (मानद विश्वविद्यालय)

चौ. चरण सिंह विश्वविद्यालय (मानद विश्वविद्यालय)

चंद्रशेखर आजाद कृषि एवं प्रौद्योगिकी विश्वविद्यालय

छत्रपति शाहूजी महाराज विश्वविद्यालय

दयालबाग शैक्षिक संस्थान (मानद विश्वविद्यालय)।

बिहार में विश्वविद्यालय

मगध विश्वविद्यालय

नालंदा मुक्त विश्वविद्यालय

पटना विश्वविद्यालय

राजेंद्र कृषि विश्वविद्यालय

तिलका माँझी भागलपुर विश्वविद्यालय

वीर कुँवरसिंह विश्वविद्यालय

जयप्रकाश विश्वविद्यालय

कामेश्वर सिंह दरभंगा संस्कृत विश्वविद्यालय

ललित नारायण मिथिला विश्वविद्यालय

बाबा साहेब भीमराव अंबेडकर बिहार विश्वविद्यालय

भूपेंद्र नारायण मंडल विश्वविद्यालय

बिहार योग भारती (मानद विश्वविद्यालय)।

चंडीगढ़ विश्वविद्यालय

पंजाब विश्वविद्यालय

चिकित्सा शिक्षा एवं अनुसंधान स्नातकोत्तर संस्थान

पंजाब इंजीनियरिंग कॉलेज (मानद विश्वविद्यालय)।

गुजरात में विश्वविद्यालय

गुजरात विश्वविद्यालय

गुजरात विद्यापीठ (मानद विश्वविद्यालय)

हेमचंद्र आचार्य उत्तर गुजरात विश्वविद्यालय

महाराजा सयाजीराव यूनिवर्सिटी ऑफ बड़ौदा

धीरूभाई अंबानी सूचना एवं संचार प्रौद्योगिकी संस्थान

डॉ. बाबा साहेब अंबेडकर मुक्त विश्वविद्यालय

गुजरात कृषि विश्वविद्यालय

गुजरात आयुर्वेद विश्वविद्यालय

निरमा विज्ञान और प्रौद्योगिकी विश्वविद्यालय

सरदार पटेल विश्वविद्यालय

सरदार वल्लभभाई राष्ट्रीय प्रौद्योगिकी संस्थान (मानद विश्वविद्यालय)

सौराष्ट्र विश्वविद्यालय

दक्षिणी गुजरात विश्वविद्यालय

हरियाणा में विश्वविद्यालय

कुरुक्षेत्र विश्वविद्यालय

महर्षि दयानंद विश्वविद्यालय

चौधरी देवीलाल विश्वविद्यालय

चौधरी चरण सिंह हरियाणा कृषि विश्वविद्यालय

राष्ट्रीय प्रौद्योगिकी संस्थान (मानद विश्वविद्यालय)

राष्ट्रीय मस्तिष्क अनुसंधान केंद्र (मानद विश्वविद्यालय)

राष्ट्रीय डेयरी अनुसंधान संस्थान (मानद विश्वविद्यालय)

हिमाचल प्रदेश में विश्वविद्यालय

हिमाचल प्रदेश विश्वविद्यालय

राष्ट्रीय प्रौद्योगिकी संस्थान (मानद विश्वविद्यालय)

चौधरी स्वर्ण कुमार हिमाचल प्रदेश कृषि विश्वविद्यालय

परमार उद्यान, कृषि एवं वानिकी विश्वविद्यालय

जे.पी. सूचना प्रौद्योगिकी विश्वविद्यालय

झारखंड में विश्वविद्यालय

राँची विश्वविद्यालय

बिरसा कृषि विश्वविद्यालय

सिद्धु विश्वविद्यालय

विनोबा भावे विश्वविद्यालय

बिरला प्रौद्योगिकी संस्थान (मानद विश्वविद्यालय)

भारतीय खान विद्यालय (मानद विश्वविद्यालय)

राष्ट्रीय प्रौद्योगिकी संस्थान (मानद विश्वविद्यालय)

जम्मू एवं कश्मीर में विश्वविद्यालय

जम्मू विश्वविद्यालय

कश्मीर विश्वविद्यालय

शेरे कश्मीर कृषि विज्ञान एवं प्रौद्योगिकी विश्वविद्यालय

कर्नाटक में विश्वविद्यालय

कर्नाटक विश्वविद्यालय

बैंगलोर विश्वविद्यालय

मैसूर विश्वविद्यालय

गुलबर्ग विश्वविद्यालय

भारतीय विज्ञान संस्थान (मानद विश्वविद्यालय)

अंतरराष्ट्रीय प्रौद्योगिकी सूचना संस्थान (मानद विश्वविद्यालय)

जवाहरलाल नेहरू उन्नत वैज्ञानिक अनुसंधान केंद्र (मानद विश्वविद्यालय)

कन्नड़ विश्वविद्यालय

नेशनल लॉ स्कूल ऑफ इंडिया यूनिवर्सिटी

एन.आई.टी.टी.ई. विश्वविद्यालय (मानद विश्वविद्यालय)

राजीव गांधी स्वास्थ्य विज्ञान विश्वविद्यालय

स्वामी विवेकानंद योग अनुसंधान संस्थान (मानद विश्वविद्यालय)

कृषि विज्ञान विश्वविद्यालय, कृषनगर, धारवाड़

कर्नाटक राज्य मुक्त विश्वविद्यालय

कर्नाटक राज्य महिला विश्वविद्यालय

के.एल.ई. उच्च शिक्षा और अनुसंधान अकादमी (मानद विश्वविद्यालय)

मंगलौर विश्वविद्यालय

मणिपाल उच्च शिक्षा अकादमी (मानद विश्वविद्यालय)

राष्ट्रीय मानसिक स्वास्थ्य एवं तंत्रिका विज्ञान संस्थान (मानद विश्वविद्यालय)

राष्ट्रीय प्रौद्योगिकी संस्थान, कर्नाटक (मानद विश्वविद्यालय)

आंध्र प्रदेश में विश्वविद्यालय

राजीव गांधी ज्ञान प्रौद्योगिकी विश्वविद्यालय

श्री चंद्रशेखरेंद्र सरस्वती महा विश्वविद्यालय, एनाथौर (मानद विश्वविद्यालय)

श्री कृष्ण देवराय विश्वविद्यालय

श्री पद्मावती महिला विश्वविद्यालय

श्री सत्य साई उच्च शिक्षा संस्थान (मानद विश्वविद्यालय)

श्री वेंकटेश्वर आयुर्विज्ञान संस्थान

आचार्य एन.जी. रंगा कृषि विश्वविद्यालय

आंध्र प्रदेश स्वास्थ्य विज्ञान विश्वविद्यालय

निजाम आयुर्विज्ञान संस्थान

उस्मानिया विश्वविद्यालय

राष्ट्रीय संस्कृत विद्यापीठ

हैदराबाद विश्वविद्यालय

केंद्रीय अंग्रेजी एवं विदेशी भाषा संस्थान (मानद विश्वविद्यालय)

डॉ. बी.आर. अंबेडकर मुक्त विश्वविद्यालय

द्राविडियन विश्वविद्यालय

गांधी प्रौद्योगिकी और प्रबंध संस्थान (मानद विश्वविद्यालय)

जवाहरलाल नेहरू प्रौद्योगिकीय विश्वविद्यालय

मौलाना आजाद राष्ट्रीय उर्दू विश्वविद्यालय

नागार्जुन विश्वविद्यालय

राष्ट्रीय विधिक अध्ययन अकादमी एवं अनुसंधान विश्वविद्यालय

राष्ट्रीय प्रौद्योगिकी संस्थान (मानद विश्वविद्यालय)

अरुणाचल प्रदेश में विश्वविद्यालय

पूर्वोत्तर क्षेत्रीय विज्ञान और प्रौद्योगिकी संस्थान (मानद विश्वविद्यालय)

राजीव गांधी विश्वविद्यालय

असम में विश्वविद्यालय

असम विश्वविद्यालय

भारतीय प्रौद्योगिकी संस्थान, गुवाहाटी

राष्ट्रीय प्रौद्योगिकी संस्थान (मानद विश्वविद्यालय)

डिब्रूगढ़ विश्वविद्यालय

गुवाहाटी विश्वविद्यालय

तेजपुर विश्वविद्यालय

असम कृषि विश्वविद्यालय

केरल में विश्वविद्यालय

केरल विश्वविद्यालय

कुन्नूर विश्वविद्यालय

केरल कृषि विश्वविद्यालय

केरल कलामंडलम् (मानद विश्वविद्यालय)

महात्मा गांधी विश्वविद्यालय

कोचीन विज्ञान एवं प्रौद्योगिकी विश्वविद्यालय

श्री शंकराचार्य संस्कृत विश्वविद्यालय

कालीकट विश्वविद्यालय

श्री चित्र तिरुनल आयुर्विज्ञान एवं प्रौद्योगिकी संस्थान

भारतीय अंतरिक्ष विज्ञान और प्रौद्योगिकी संस्थान (मानद विश्वविद्यालय)

मध्य प्रदेश में विश्वविद्यालय

देवी अहिल्या विश्वविद्यालय

डॉ. हरिसिंह गौर विश्वविद्यालय

जवाहरलाल नेहरू कृषि विश्वविद्यालय

जीवाजी विश्वविद्यालय

अवधेश प्रताप सिंह विश्वविद्यालय

बरकतुल्लाह विश्वविद्यालय

मध्य प्रदेश भोज (मुक्त) विश्वविद्यालय

राष्ट्रीय विधि संस्थान विश्वविद्यालय

राजीव गांधी प्रौद्योगिकी विश्वविद्यालय

रानी दुर्गावती विश्वविद्यालय

विक्रम विश्वविद्यालय

महर्षि महेश योगी वैदिक विश्वविद्यालय

महात्मा गांधी चित्रकूट ग्रामोदय विश्वविद्यालय

मौलाना आजाद राष्ट्रीय प्रौद्योगिकी संस्थान (मानद विश्वविद्यालय)

लक्ष्मीबाई राष्ट्रीय शारीरिक शिक्षा संस्थान (मानद विश्वविद्यालय)

भारतीय सूचना प्रौद्योगिकी एवं प्रबंध संस्थान (मानद विश्वविद्यालय)

पंजाब में विश्वविद्यालय

पंजाब विश्वविद्यालय

पंजाब कृषि विश्वविद्यालय

पंजाब तकनीकी विश्वविद्यालय

संत लोंगोवाल अभियांत्रिकी एवं प्रौद्योगिकी संस्थान (मानद विश्वविद्यालय)

थापर विश्वविद्यालय (मानद विश्वविद्यालय)

बाबा फरीद स्वास्थ्य विज्ञान विश्वविद्यालय

डॉ. बी.आर. अंबेडकर राष्ट्रीय प्रौद्योगिकी संस्थान (मानद विश्वविद्यालय)

गुरु नानक देव विश्वविद्यालय

राष्ट्रीय भेषज शिक्षा एवं अनुसंधान संस्थान

तमिलनाडु में विश्वविद्यालय

मद्रास विश्वविद्यालय

भारतीदासन विश्वविद्यालय

मदुरई कामराज विश्वविद्यालय

मदर टेरेसा महिला विश्वविद्यालय

राष्ट्रीय प्रौद्योगिकी संस्थान

पेरियार विश्वविद्यालय

अलगप्पा विश्वविद्यालय

अमृता विश्व विद्यापीठ (मानद विश्वविद्यालय)

अन्ना विश्वविद्यालय

चेन्नई मैथमेटिकल इंस्टीटयूट (मानद विश्वविद्यालय)

गांधी ग्राम ग्रामीण संस्थान (मानद विश्वविद्यालय)

हिंदुस्तान प्रौद्योगिकी और विज्ञान संस्थान (मानद विश्वविद्यालय)

करुणा प्रौद्योगिकी एवं विज्ञान संस्थान (मानद विश्वविद्यालय)

अन्नामलाई विश्वविद्यालय

भरतियार विश्वविद्यालय

तमिलनाडु शिक्षक शिक्षा विश्वविद्यालय

तमिल यूनिवर्सिटी, तंजौर

तमिल वर्चुअल यूनिवर्सिटी

तमिलनाडु कृषि विश्वविद्यालय

तमिलनाडु डॉ. एम.जी.आर. विधि विश्वविद्यालय

तमिलनाडु ओपन यूनिवर्सिटी

तमिलनाडु फिजिकल एजुकेशन एंड स्पोर्ट्स यूनिवर्सिटी

तमिलनाडु शालिहोत्री एवं पशु विज्ञान विश्वविद्यालय

तिरुवल्लुवर विश्वविद्यालय

वेल्लोर प्रौद्योगिकी संस्थान विश्वविद्यालय (मानद विश्वविद्यालय)

सत्यभामा विज्ञान एवं प्रौद्योगिकी (मानद विश्वविद्यालय)

श्री चंद्रशेखर सरस्वती विश्व महाविद्यालय (मानद विश्वविद्यालय)

श्री रामचंद्र चिकित्सा महाविद्यालय एवं अनुसंधान संस्थान

राजस्थान में विश्वविद्यालय

राजस्थान विश्वविद्यालय

राजस्थान संस्कृत विश्वविद्यालय

बीकानेर विश्वविद्यालय

कोटा मुक्त विश्वविद्यालय

वनस्थली विद्यापीठ (मानद विश्वविद्यालय)

मोहन लाल सुखाड़िया विश्वविद्यालय

राष्ट्रीय विधि विश्वविद्यालय

राजस्थान कृषि विश्वविद्यालय

राजस्थान आयुर्वेद विश्वविद्यालय

बिरला विज्ञान एवं प्रौद्योगिकी और संस्थान (मानद विश्वविद्यालय)

जैन विश्व भारती विश्वविद्यालय (मानद विश्वविद्यालय)

मालवीय राष्ट्रीय प्रौद्योगिकी संस्थान (मानद विश्वविद्यालय)

छत्तीसगढ़ में विश्वविद्यालय

गुरु घासीदास विश्वविद्यालय

पंडित रविशंकर शुक्ल विश्वविद्यालय

इंदिरा कला संगीत विश्वविद्यालय

राष्ट्रीय प्रौद्योगिकी संस्थान (मानद विश्वविद्यालय)

उत्तरी उड़ीसा (मानद विश्वविद्यालय)

उड़ीसा कृषि एवं प्रौद्योगिकी विश्वविद्यालय

संबलपुर विश्वविद्यालय

श्री जगनाथ संस्कृत विश्वविद्यालय

सिक्किम में विश्वविद्यालय

सिक्किम विश्वविद्यालय

सिक्किम मणिपाल स्वास्थ्य चिकित्सा एवं प्रौद्योगिकी विज्ञान विश्वविद्यालय

त्रिपुरा में विश्वविद्यालय

त्रिपुरा विश्वविद्यालय

उत्तराखंड में विश्वविद्यालय

हेमवती नंदन बहुगुणा गढ़वाल विश्वविद्यालय

भारतीय प्रौद्योगिकी संस्थान, रुड़की

कुमाऊँ विश्वविद्यालय

देव संस्कृत विश्वविद्यालय

वन अनुसंधान संस्थान (मानद विश्वविद्यालय)

जी.बी. पंत कृषि एवं प्रौद्योगिकी विश्वविद्यालय

पेट्रोलियम एवं ऊर्जा अध्ययन विश्वविद्यालय

पश्चिम बंगाल में विश्वविद्यालय

कलकत्ता विश्वविद्यालय

कल्याणी विश्वविद्यालय

विद्यासागर विश्वविद्यालय

विश्व भारती

विधानचंद्र कृषि विश्वविद्यालय

भारतीय प्रौद्योगिकी संस्थान, खड़गपुर

भारतीय सांख्यिकी संस्थान

जाधवपुर विश्वविद्यालय

बर्दवान विश्वविद्यालय

पश्चिम बंगाल मत्स्य विज्ञान विश्वविद्यालय

पश्चिम बंगाल प्रौद्योगिकी विश्वविद्यालय

राष्ट्रीय प्रौद्योगिकी संस्थान (मानद विश्वविद्यालय)

रवींद्र भारती विश्वविद्यालय

रामकृष्ण मिशन विवेकानंद शैक्षिक और अनुसंधान संस्थान

बंगाल इंजीनियरिंग और विज्ञान विश्वविद्यालय

मेघालय में विश्वविद्यालय

पूर्वोत्तर पर्वतीय विश्वविद्यालय

मिजोरम में विश्वविद्यालय

मिजोरम विश्वविद्यालय, आइजॉल

नागालैंड में विश्वविद्यालय

नागालैंड विश्वविद्यालय

उड़ीसा में विश्वविद्यालय

बहरामपुर विश्वविद्यालय

बीजू पटनायक प्रौद्योगिकी विश्वविद्यालय

फकीर मोहन विश्वविद्यालय

कलिंग औद्योगिक प्रौद्योगिकी संस्थान (मानद विश्वविद्यालय)

राष्ट्रीय प्रौद्योगिकी संस्थान (मानद विश्वविद्यालय)

उत्तरी उड़ीसा (मानद विश्वविद्यालय)

उड़ीसा कृषि एवं प्रौद्योगिकी विश्वविद्यालय

संबलपुर विश्वविद्यालय

श्री जगनाथ संस्कृत विश्वविद्यालय

उत्कल विश्वविद्यालय

उत्कल संस्कृति विश्वविद्यालय

गोवा में विश्वविद्यालय

गोवा विश्वविद्यालय

मणिपुर में विश्वविद्यालय

मणिपुर विश्वविद्यालय

केंद्रीय कृषि विश्वविद्यालय

विदेश में अध्ययन

विदेशों में प्रतिष्ठित विश्वविद्यालयों में अध्ययन करना असंख्य भारतीय विद्यार्थियों का सपना है। वर्तमान परिदृश्य में जब विश्व को वैश्विक ग्राम (ग्लोबल विलेज) कहा जाता है, यह सपना पूरा कर पाना बहुत कठिन नहीं है।

कुछ अत्यधिक लोकप्रिय पाठ्यक्रम, जिन्हें छात्र विदेशों में पढ़ना चाहते हैं वे हैं, मास्टर इन बिजनेस एडमिनिस्ट्रेशन, इंजीनियरिंग में डिग्री पाठ्यक्रम, जैव प्रौद्योगिकी में डिग्री पाठ्यक्रम, मानवीय विज्ञानों आदि में स्नातक और स्नातकोत्तर। कुछ देश सांस्कृतिक आदान-प्रदान कार्यक्रमों के तहत कुछ पात्र उम्मीदवारों को, जो उन देशों में अध्ययन करना चाहते हैं, छात्रवृत्तियाँ देते हैं। ये छात्रवृत्तियाँ शिक्षा विभाग, मानव संसाधन विकास मंत्रालय के माध्यम से भारत में आती हैं।

विदेशी भाषाएँ

यह महत्त्वपूर्ण नहीं है कि आपने कौन सा कैरियर चुना है, बशर्ते आपने एक दूसरी भाषा सीखी है। आपको इसका वास्तविक लाभ मिलेगा। विदेशी भाषा सीखने से आप अपने विश्लेषक और व्याख्यात्मक कौशलों में सुधार ला सकते हैं। ऐसे पेशेवर व्यक्ति, जो एक अन्य भाषा जानते हैं, उन्हें अन्य देशों में पूरे कैरियर के दौरान यात्रा तथा सूचना के आदान-प्रदान के आमंत्रण मिलते रहते हैं। यह उल्लेख करना व्यर्थ है कि एक भाषा से अधिक भाषाएँ सीखने से आपकी नौकरी के अवसर बढ़ जाते हैं। आपके नियोक्ता आपको नए ग्राहकों के साथ एक सेतु के रूप में लेते हैं और आपकी सीखी हुई दूसरी भाषा का लाभ आपको मिलता है। नीचे कुछ ऐसे संस्थानों की सूची दी गई है जो विदेशी भाषा

के पाठ्यक्रम चलाते हैं–

- दिल्ली विश्वविद्यालय, दिल्ली
- बर्दवान विश्वविद्यालय, कोलकाता
- जवाहरलाल नेहरू विश्वविद्यालय, दिल्ली
- निजाम महाविद्यालय, हैदराबाद
- फरग्यूसन कॉलेज, पुणे, महाराष्ट्र
- केंद्रीय अंग्रेजी और विदेशी भाषा संस्थान, हैदराबाद
- कलकत्ता विश्वविद्यालय, कोलकाता
- कालीकट विश्वविद्यालय, मालापुरम, केरल
- पांडिचेरी विश्वविद्यालय, पांडिचेरी
- जादवपुर विश्वविद्यालय, जादवपुर, कोलकाता
- नागपुर विश्वविद्यालय, नागपुर, महाराष्ट्र
- जामिया मिल्लिया इस्लामिया, दिल्ली
- मुंबई विश्वविद्यालय, मुंबई, महाराष्ट्र
- शिवाजी विश्वविद्यालय, कोल्हापुर, महाराष्ट्र
- अलीगढ़ मुस्लिम विश्वविद्यालय, अलीगढ़, उत्तर प्रदेश
- बनारस हिंदू विश्वविद्यालय, बनारस, उत्तर प्रदेश
- कुरुक्षेत्र विश्वविद्यालय, कुरुक्षेत्र, हरियाणा
- मदुरै कामराज विश्वविद्यालय, मदुरै, तमिलनाडु
- भोपाल विश्वविद्यालय, भोपाल, मध्य प्रदेश
- गुजरात विश्वविद्यालय, गुजरात
- गुरु नानक देव विश्वविद्यालय, अमृतसर, पंजाब
- मेरठ विश्वविद्यालय, मेरठ, उत्तर प्रदेश
- पटना विश्वविद्यालय, पटना, बिहार
- राजस्थान विश्वविद्यालय, जयपुर, राजस्थान

15

वर्तमान परिप्रेक्ष्य में शिक्षा

जिस प्रकार रात्रि का अंधकार केवल सूर्य दूर कर सकता है, उसी प्रकार मनुष्य की विपत्ति को केवल ज्ञान दूर सकता है। **–नारदभक्ति**

शिक्षा का प्रथम उद्‌देश्य बच्चों को एक परिपक्व इनसान बनाना होता है, ताकि वे कल्पनाशील, वैचारिक रूप से स्वतंत्र और देश का भावी कर्णधार बन सकें; किंतु भारतीय शिक्षा-पद्धति अपने इस उद्‌देश्य से पूर्ण सफलता नहीं प्राप्त कर सकी है। कारण बहुत सारे हैं। सबसे पहला तो यही कि अँगूठा छाप लोग निर्णय करते हैं कि बच्चों को क्या पढ़ना चाहिए। जो कुछ शिक्षाविद् हैं, वे अपने दायरे और विचारधाराओं से बँधे हैं और उनसे निकलने या कुछ नया सोचने से डरते हैं, ऊपर से राजनीतिज्ञों का अपना एजेंडा होता है।

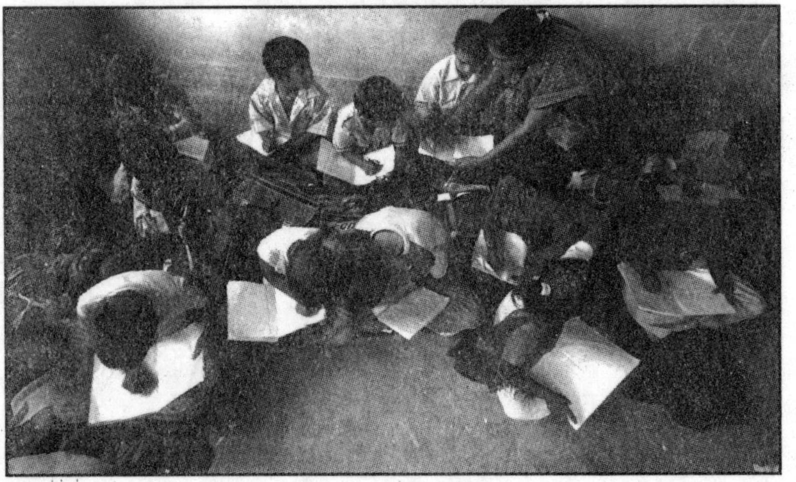

देखा जाए तो आज हम रट्टामार छात्र पैदा कर रहे हैं, वैचारिक रूप से स्वतंत्र और परिपक्व छात्र नहीं। क्या शिक्षा का हमारा एकमात्र उद्देश्य यही है?

पहले किसी बच्चे से पूछा जाता था कि बड़े होकर तुम क्या बनोगे, तो उसका जवाब डॉक्टर, इंजीनियर, पायलट या कुछ और होता था। इसके पीछे पैसा नहीं होता था, बल्कि देश-सेवा और समाज को आगे बढ़ाने का जज्बा होता था। आजकल बच्चा कहता है कि मैं बड़ा होकर नेता बनना चाहता हूँ, क्योंकि उस पेशे में ज्यादा पैसा है। क्या शिक्षा जीवन में सिर्फ पैसे कमाने के लिए की जाती है? क्या हम बच्चों का मार्गदर्शन सही दिशा में कर रहे हैं? आज शिक्षा के मायने ही बदल गए हैं, क्योंकि लोगों के सोचने का तरीका बदल गया है। हर बच्चा चाहता है कि जल्दी से अपनी पढ़ाई पूरी करे और ढेर सारा पैसा कमाने लगे। उसने क्या पढ़ा और कितना पढ़ा, इससे उसे मतलब नहीं है; या जो पढ़ा उसका जीवन में कितना प्रयोग होगा, उससे भी उसको सरोकार नहीं है। उसे तो बस अपनी शिक्षा के निवेश के रिटर्न से मतलब है। यानी आज शिक्षा एक व्यापार है—पैसा लगाओ और पैसा पाओ। अब बच्चों को ही क्यों दोष दें। उनके माता-पिता भी यही सोचते हैं कि बच्चा पढ़-लिख ले तो जल्दी से पैसा कमाने की मशीन की तरह काम करे। क्या यही है शिक्षा का उद्देश्य?

शिक्षा एक ऐसा माध्यम है, जो हमारे जीवन को एक नई विचारधारा, नया सवेरा देता है। यह हमें एक परिपक्व समाज बनाने में मदद करता है। यदि शिक्षा के उद्देश्य सही दिशा में हों तो ये इनसान को नए-नए प्रयोग करने के लिए उत्साहित करते हैं। शिक्षा और संस्कार साथ-साथ चलते हैं, या कहा जाए तो एक-दूसरे के पूरक हैं। शिक्षा हमें संस्कारों को समझने और बदलती सामाजिक परिस्थितियों के अनुरूप उनका अनुसरण करने की समझ देती है। आज शिक्षा जिस मुकाम पर पहुँच चुकी है, वहाँ उसमें आमूल परिवर्तन की जरूरत है। ये कुछ सुझाव हैं, जिन्हें शिक्षाविद् अमल में ला सकते हैं—

• शिक्षा के साथ-साथ व्यावसायिक ज्ञान भी दिया जाना चाहिए। उच्च शिक्षा में तो यह अनिवार्य होना चाहिए।

• छात्रों को नई खोजों और नए प्रयोगों के लिए प्रोत्साहित करना चाहिए।

• भारतीय संस्कृति और संस्कार की शिक्षा अनिवार्य होनी चाहिए।

• शिक्षा को न केवल किताबी ज्ञान बल्कि व्यावहारिक शास्त्र के रूप में प्रदान करना चाहिए।

• परीक्षा के प्रारूप और शिक्षा के स्वरूप में आमूल परिवर्तन की

जरूरत है।

• कंप्यूटर शिक्षा अनिवार्य कर देनी चाहिए।

• ग्रामीण शिक्षा के स्तर को सुधारा जाना आवश्यक है। इस पर अभी बहुत ज्यादा काम किया जाना बाकी है।

• प्रौढ़ शिक्षा के लिए स्वयंसेवी संगठनों को ज्यादा-से-ज्यादा प्रोत्साहन एवं सहायता दी जानी चाहिए।

• बच्चों की शिक्षा के अतिरिक्त भार को कम करके उनके मानसिक, व तार्किक विकास तथा व्यक्तित्व विकास पर विशेष ध्यान देना चाहिए।

• स्टूडेंट एक्सचेंज प्रोग्राम को ज्यादा बढ़ावा दिया जाना चाहिए, ताकि छात्र दूसरे देशों के छात्रों से ज्यादा कुछ सीख सकें।

16

मलिन बस्ती में शिक्षा

सारी चीजों के बारे में कुछ-कुछ और कुछेक के बारे में सबकुछ सीखने की कोशिश करनी चाहिए।

—थॉमस हक्सले

मलिन बस्तियों के बच्चे आज भी शिक्षा से काफी हद तक वंचित हैं और वहाँ की तसवीर बहुत भयावह है।

आधुनिक समय में शिक्षा ज्ञान के साथ ही आर्थिक विकास का रास्ता भी खोलती है। यह कहना बिलकुल सही है कि शिक्षा मनुष्य को बंधनों से मुक्त करती है। समाज में जन्म आदि कारणों से ढेर सारे बंधन मनुष्य पर थोप दिए जाते हैं। शिक्षा इनसे ऊपर उठाकर नए जीवन की ओर अग्रसर करती है। शिक्षा के माध्यम से सामाजिक कुरीतियों और अंधविश्वास से मुक्ति काफी हद तक संभव है। आजादी के छह दशक से ज्यादा गुजरने के बावजूद शिक्षा जन-सुलभ नहीं बन सकी है। शिक्षा के नाम पर हर साल करोड़ों रुपए की योजनाएँ बनती हैं, लेकिन नतीजा ढाक के तीन पात जैसा ही है।

आज के दौर में शिक्षा बाजारवाद और निजीकरण की भेंट चढ़ती जा रही है। शिक्षा दिनोंदिन महँगी होकर आम आदमी की पहुँच से बाहर होती जा रही है। गरीब, मजदूर और मलिन बस्ती में रहनेवाले परिवारों के बच्चों के लिए तो शिक्षा हासिल करना एक सपना बन गया है। मलिन बस्तियों में रहना ही अपने आप में काफी पीड़ादायक है। इन बस्तियों के बच्चे आज भी शिक्षा से काफी हद तक वंचित हैं। इन बस्तियों में मौजूद हालात की यदि पड़ताल की जाए तो तसवीर बहुत भयावह है। एक मलिन बस्तियों में कुछ बच्चों के अभिभावकों की शैक्षिक, आर्थिक और व्यावसायिक स्थिति का अध्ययन करने के बाद यह

स्थिति स्पष्ट हुई है। कहने की जरूरत नहीं है कि पारिवारिक पृष्ठभूमि का बच्चों के विकास पर गहरा असर पड़ता है।

अध्ययन में यह पाया गया कि अभिभावकों का शैक्षिक स्तर जैसे-जैसे बढ़ता गया, उनके बच्चों की शिक्षा के प्रति जागरूकता में भी वृद्धि हुई। जो अभिभावक अधिक पढ़े-लिखे हैं, वे अपने बच्चों की शिक्षा के प्रति अधिक जागरूक हैं। जिन बच्चों के माता-पिता निरक्षर थे, वे अपने बच्चों की शिक्षा के प्रति कम जागरूक पाए गए। पर एक बात संतोष प्रदान करनेवाली है कि निरक्षर अभिभावकों का भी शिक्षा के प्रति सकारात्मक दृष्टिकोण है।

अध्ययन के दौरान यह पता चला कि मलिन बस्ती में रहनेवाले प्राथमिक स्तर पर शिक्षित अभिभावकों के 20 प्रतिशत बच्चे निरक्षर हैं। ऐसे परिवारों में प्राथमिक शिक्षा ग्रहण करने जानेवाले बच्चों की संख्या 30.58 प्रतिशत है। इनमें 14.32 प्रतिशत लड़के और 16.26 प्रतिशत लड़कियाँ हैं। जाहिर है कि यहाँ पर छात्राओं की संख्या छात्रों से अधिक है। जबकि पढ़ाई छोड़नेवाले कुल 15.53 प्रतिशत बच्चों में से बालकों का प्रतिशत 10.43 है। वहीं दूसरी तरफ बालिकाओं का प्रतिशत 5.09 है।

मलिन बस्तियों में रहनेवाले लोगों को सिर्फ शिक्षा के मोर्चे पर ही नहीं

बल्कि और भी कई मोर्चों पर बेचारगी का सामना करना पड़ता है। मलिन बस्तियों में जीवन बसर कर रहे लोग बुनियादी सुविधाओं–जैसे स्वास्थ्य, पानी और बिजली से भी वंचित हैं। प्राथमिक स्तर पर जो बच्चे स्कूल जा रहे है, उन्हें इसे आगे ले जाने में अभिभावकों को असफलता ही हाथ लग रही है। प्राथमिक स्तर से ऊपर की शिक्षा में प्रतिशत घटता जा रहा है। हालात की भयावहता का अंदाजा इसी बात से लगाया जा सकता है कि स्नातक और स्नातकोत्तर तक पहुँचने पर उनकी संख्या न के बराबर रह जाती है। हाई स्कूल के स्तर पर 4 प्रतिशत और इंटरमीडिएट स्तर पर 2 प्रतिशत छात्र ही अपनी शिक्षा जारी रख पाते हैं। सिर्फ 1 प्रतिशत छात्र ही स्नातक स्तर की शिक्षा तक पहुँच पाते हैं। इस 1 प्रतिशत में भी बीच में पढ़ाई छोड़नेवालों का सिलसिला जारी रहता है। निरक्षर अभिभावकों की लगभग 1.25 प्रतिशत संतान ही स्नातक पाठ्यक्रमों में दाखिला ले पाती है। इसमें चौंकानेवाली बात यह है कि स्नातक की पढ़ाई मलिन बस्ती से निकली हर लड़की बीच में ही छोड़ देती है। एक तरफ तो महिला सशक्तीकरण के नाम पर हर ओर नए-नए प्रयोग किए जा रहे हैं, वहीं दूसरी तरफ देश के इस तबके की कन्याओं की यह दुर्दशा पूरी व्यवस्था पर ही सवालिया निशान लगा रही है।

बहरहाल, उच्च शिक्षा की देहरी पर पहुँचकर मलिन बस्तियों के नौनिहालों द्वारा इससे दूर जाने के पीछे कारण साफ है कि स्नातक और स्नातकोत्तर स्तर तक पहुँचने पर छात्रों को अपनी रोजी–रोटी की चिंता सताने लगती है। घर का दबाव एवं आर्थिक विपन्नता उन्हें आगे पढ़ने की इजाजत नहीं देती है। ऐसे में मन मारकर उनके सामने वक्त की चक्की में पिसने के अलावा कोई चारा ही नहीं बचता है। आज जरूरत इस बात की है कि मलिन बस्तियों में जिंदगी जी रहे लोगों के विकास के लिए एक समग्र कार्ययोजना तैयार की जाए। तभी सही मायने में भारत एक पूर्ण शिक्षित देश बनेगा।

समान शिक्षा-प्रणाली

भारत में आर्थिक विकास दर की रफ्तार भले ही चरम पर है, लेकिन शिक्षा, स्वास्थ्य व लैंगिक समानता जैसे सवालों पर देश अब भी फिसड्डी साबित हो रहा है। कोई भी देश सामाजिक–आर्थिक मोर्चे पर अग्रणी तभी दिख सकता है, जब वहाँ शिक्षा–प्रणाली सभी वर्गों के लिए समान और सुलभकारी हो। अगर सामाजिक मसलों पर पिछड़ने के कारण तलाशें तो कहीं–न–कहीं विसंगतिपूर्ण शिक्षा–प्रणाली महत्त्वपूर्ण कारण है।

आजादी के छह दशक बाद भी समान शिक्षा-प्रणाली की अवधारणा भारतीय समाज के लिए सपना है। दुनिया के सर्वाधिक निरक्षर लोगों की आबादी में 35 प्रतिशत भारत में है। मानव संसाधन विकास मंत्री कपिल सिब्बल ने भरोसा दिलाया है कि वर्ष 2020 तक देश में शत-प्रतिशत साक्षरता लक्ष्य पूरा कर लिया जाएगा; लेकिन हालात देखते हुए ऐसा होना किसी जादू से कम नहीं होगा। एजुकेशन फॉर ऑल मॉनिटरिंग रिपोर्ट पर विश्वास करें तो दुनिया की सर्वाधिक निरक्षर आबादी के साथ भारत प्रगति कर रहा है। पर इस विद्रूप प्रगति का लाभ निरक्षरता हटाने में कितना लाभकारी सिद्ध होगा, यह आनेवाला वक्त बताएगा।

उदार अर्थव्यवस्था के कारण आज भारत में शिक्षा का बाजार 50 अरब डॉलर से पार हो गया है। एसोचैम की रिपोर्ट के अनुसार भविष्य में भारत में इंजीनियरिंग, मेडिकल और प्रबंधन कॉलेजों की संख्या हजारों में होगी, लेकिन लाख टके का सवाल यह है कि अरबों डॉलरवाली बाजारवादी शिक्षा देश की निरक्षरता समाप्त करने और लोगों को रोजगार देने में किस हद तक सहायक होगी? यह बाजारवादी शिक्षा का ही दुष्परिणाम है कि इंजीनियरिंग की डिग्री से लैस लाखों बेरोजगारों की फौज सड़क पर है। शिक्षा पर सरकार को जितना खर्च करना चाहिए उतना नहीं हो रहा है। बानगी के तौर पर, 1991 में सकल घरेलू उत्पाद का महज 0.77 प्रतिशत ही शिक्षा पर खर्च किया गया और एक दशक बाद भी शिक्षा के बजट को लेकर सरकार का रवैया निराशाजनक ही रहा। अब भी सकल घरेलू उत्पाद का महज 1 प्रतिशत हिस्सा शिक्षा पर खर्च होता नहीं दिखता। सर्वशिक्षा अभियान के माध्यम से सरकार का लक्ष्य जल्द-से-जल्द निरक्षरता समाप्त करने का है, लेकिन जल्दबाजी से कुछ होने-जाने वाला नहीं है। इसके लिए ठोस कार्ययोजना जरूरी है, ताकि सबको शिक्षा का समान अवसर उपलब्ध हो।

इसकी शुरुआत प्राथमिक शिक्षा स्तर से हो सकती है, पर फिलहाल प्राथमिक शिक्षा की स्थिति बेहद दयनीय है। स्कूलों में जरूरत के हिसाब से न शिक्षक हैं और न बुनियादी संसाधन। सरकार के तमाम प्रयासों के बावजूद आज भी 10 करोड़ बच्चे विद्यालयों की चौखट तक नहीं पहुँच पाए हैं। जहाँ तक साक्षरता दर का सवाल है तो वर्ष 1950-51 में यह 18.33 प्रतिशत थी और आज 64.1 प्रतिशत है। यानी साठ साल बाद भी साक्षरता दर का आँकड़ा चौगुने से काफी कम है।

शिक्षा का अधिकार कानून लागू होने और मध्याह्न भोजन के कारण स्कूलों में छात्र संख्या तो बढ़ी, लेकिन प्रश्न है कि यह संख्या सरकार के कागजी घोड़े

पर सवार होकर कितना प्रगति कर पाएगी। इसे प्रगति का सूचक मान भी लें तो भी इसमें अनेक खामियाँ हैं। मसलन साक्षरता दर में लैंगिक भेदभाव सवाल खड़े करता है। जहाँ पुरुष वयस्क साक्षरता दर 76.9 प्रतिशत है, वहीं महिला वयस्क साक्षरता दर 54.4 प्रतिशत।

सबसे बड़े राज्य उत्तर प्रदेश के 18,675 प्राथमिक विद्यालयों में एक-एक शिक्षक तैनात हैं। अन्य राज्यों की भी कमोबेश यही स्थिति है। शिक्षा का अधिकार कानून के तहत खर्च होनेवाली धनराशि को लेकर केंद्र और राज्य सरकारों के मध्य टकराव दिखा। नीतियों को लेकर भी संदेह की स्थिति बनी हुई है। केंद्र सरकार की सूचना प्रौद्योगिकी को बढ़ावा देने के लिए देश में 150 स्मार्ट स्कूल खोलने की योजना है। माना जा रहा है कि माध्यमिक स्तर के इन स्कूलों में विशेष तौर पर कंप्यूटर शिक्षा पर फोकस होगा। यह सुखद है, लेकिन इसका लाभ ग्रामीण बच्चों को भी मिलना चाहिए।

आज तो आलम यह है कि ग्रामीण बच्चों के लिए खोले गए नवोदय विद्यालय भी अपने लक्ष्य में पिछड़ रहे हैं। देश भर में अभी 600 नवोदय विद्यालय हैं और हाल ही में 31 और के खोलने की बात कही गई है; लेकिन बच्चों की बढ़ती तादाद को देखते हुए इनकी संख्या ऊँट के मुँह में जीरा साबित होगी। दूसरा दुःखदायी सच यह है कि नवोदय विद्यालयों में ग्रामीण बच्चों के बजाय सामर्थ्यवानों के बच्चों की आमद बढ़ रही है। पिछले दिनों सरकार के संज्ञान में भी यह बात आई कि शहरी क्षेत्र के रसूखदार लोग फर्जी तरीके से प्रमाण-पत्र बना अपने बच्चों को नवोदय विद्यालयों में दाखिल करा रहे हैं। यह स्थिति साक्षरता मिशन अभियान में कोढ़ में खाज साबित होगी। रही बात समान शिक्षा-प्रणाली की स्थापना की, तो वह अभी भी दूर की कौड़ी है।

17

राह के रोड़े : केस स्टडी

सुख चाहनेवाले को ज्ञान और ज्ञान चाहनेवाले को सुख कहाँ मिल सकता है।

–चाणक्य

भारत सरकार ने कानून लागू तो कर दिया है, लेकिन प्रदेशों में इस कानून का पालन होने में अभी कुछ और साल लग सकते हैं। राज्यों में शत-प्रतिशत साक्षरता का लक्ष्य पाने के लिए शिक्षा के क्षेत्र में न तो आधारभूत ढाँचा है और न ही आवश्यक सुविधाएँ व संसाधन। शिक्षा शास्त्रियों का मानना है कि समाज में गरीबी के कारण बच्चे रोजी-रोटी के जुगाड़ में काम-धंधे में लग जाते हैं। गाँव में पशुपालन, खेती-बाड़ी, घरेलू उद्योग, दस्तकारी आदि व्यवसाय में परिवार के बुजुर्ग ही अपने बच्चों को काम में लगा देते हैं।

वर्तमान (वर्ष 2009-10) की बात करें तो मध्य प्रदेश में साक्षरता दर 63.7 प्रतिशत है, जो कि राष्ट्रीय औसत से कम है। राज्य में लगभग 50 प्रतिशत महिलाएँ निरक्षर हैं। आदिवासी तथा दलित समुदाय में 60 से 65 प्रतिशत तक निरक्षरता की समस्या है। हालाँकि राज्य सरकार ने वर्ष 1998 से राज्य में सामाजिक क्षेत्र की ओर विशेष ध्यान देते हुए शिक्षा के लोक-व्यापीकरण के लिए प्रयास किए हैं। वहीं इन प्रयासों के कुछ अच्छे नतीजे भी निकले हैं। लेकिन शिक्षा के सीमित विकास और इसके विस्तार के बावजूद शिक्षण संस्थाएँ बच्चों को पाठशालाओं की ओर आकर्षित करने में पूरी तरह सफल नहीं हो पाई हैं।

सरकारी सूत्रों के अनुसार फिलहाल राज्य में 97,900 प्राथमिक स्कूल हैं। इनमें 82,185 सरकारी, 919 सैटेलाइट, 13,915 निजी और 881 सरकारी सहायता प्राप्त प्राथमिक पाठशालाएँ हैं। इनके अलावा 39,227 माध्यमिक शालाएँ

हैं। वर्ष 2006-07 में इन प्राथमिक और माध्यमिक शालाओं में कुल 1 करोड़ 63 लाख बच्चों का नामांकन हुआ, जो 2007-08 में बढ़कर 1 करोड़ 67 लाख हो गया और वर्ष 2008-09 में यह आँकड़ा कुछ कम होकर 1 करोड़ 65 लाख तक रहा।

जहाँ एक ओर नामांकन वृद्धि पर सरकार ने ध्यान दिया, वहीं इस तथ्य पर ध्यान नहीं दिया कि स्कूल आनेवाले छात्र-छात्राएँ बीच में ही पढ़ाई छोड़कर स्कूल से निकल जाते हैं। सरकारी भाषा में इसे शाला-त्याग कहा जाता है। सरकार ने शाला-त्यागी बच्चों की दर निकाली है, जिससे साफ पता चलता है कि बड़ी संख्या में बच्चे बीच में पढ़ाई छोड़ देते हैं। राज्य में 4,997 हाई स्कूल और 4,675 हायर सेकंडरी स्कूल हैं, जिनमें क्रमश: 18.18 लाख तथा 10.64 लाख छात्र-छात्राएँ अध्ययनरत हैं।

स्तर	कुल छात्र-छात्राएँ	अनुसूचित जाति के छात्र-छात्राएँ	अनुसूचित जन-जाति के छात्र-छात्राएँ
कक्षा 1 से 10	55.74%	53.72%	73.27%
कक्षा 1 से 12	72.93%	78.45%	83.63 %

बीच में पढ़ाई छोड़ देने के कारणों का विश्लेषण करनेवाले शिक्षा-शास्त्रियों का मानना है कि समाज में गरीबी के कारण बच्चे रोजी-रोटी के जुगाड़ में काम-धंधे में लग जाते हैं। गाँव में पशुपालन, खेती-बाड़ी, घरेलू उद्योग, दस्तकारी आदि व्यवसाय में परिवार के बुजुर्ग ही अपने बच्चों को काम में लगा देते हैं। जहाँ तक बालिकाओं का सवाल है, आज भी ग्रामीण इलाकों में तथा आदिवासी दलित और पिछड़ी जातियों में बालिकाओं को साक्षर बनाने पर ज्यादा ध्यान नहीं दिया जाता। इसके कारणों में सामाजिक जागरूकता का अभाव भी एक है। बालिकाओं को घरेलू कामकाज, बच्चों की देखभाल और खेती-पशुपालन में मददगार के रूप में काम देकर परिवारवाले उन्हें स्कूल जाने से रोकते हैं या हतोत्साहित करते हैं; जबकि सरकार ने बालिकाओं को स्कूल के प्रति आकर्षित करने के लिए अनेक प्रलोभनकारी या प्रोत्साहनकारी योजनाएँ शुरू की हैं। जैसे स्कूल जानेवाली 9वीं कक्षा में प्रवेश करनेवाली छात्राओं को नि:शुल्क साइकिल वितरण आदि। इसके तहत हर साल औसतन 1.5 लाख से ज्यादा छात्राओं को शासन की ओर से मुफ्त साइकिल वितरण किया जाता है। इसके अलावा करीब 15 लाख बच्चों के बीच नि:शुल्क पाठ्य पुस्तकें भी वितरित की गई हैं। आदिवासियों और दलितों को मासिक छात्रवृत्ति के साथ-साथ अनेक सुविधाएँ भी दी जाती हैं; लेकिन इन सबके बाद भी राज्य में साक्षरता का प्रतिशत नहीं

बढ़ा और न ही शिक्षा स्तर में कोई आशाजनक सुधार ही हुआ है।

सरकार द्वारा स्कूलों में मध्याह्न भोजन योजना शुरू करने के बाद कई स्कूलों में छात्र-छात्राओं की उपस्थिति केवल कागजों पर ही बढ़ी है। इतना ही नहीं, फर्जी प्रवेश संख्या भी बढ़ा-चढ़ाकर बताई गई है, ताकि भोजन के लिए मिलनेवाला धन बटोरा जा सके। जाहिर है, भोजन के लालच में गरीब छात्र-छात्राएँ देर तक स्कूल में रहते हैं।

शिक्षा का स्तर

जिला सूचना-पद्धति द्वारा संकलित जानकारी के अनुसार ग्रामीण क्षेत्रों और वन्य आदिवासी क्षेत्रों में शिक्षा का स्तर इतना खराब है कि 5वीं कक्षा में पढ़नेवाले बच्चों को 10 तक पहाड़े भी याद नहीं हैं और चार अंकोंवाली संख्या के गुणा-भाग के सवाल भी उनसे हल नहीं हो पाते हैं। इतना ही नहीं, वे शुद्ध हिंदी भी नहीं लिख पाते हैं। सामान्य ज्ञान के बारे में तो कहना ही क्या? एक एन.जी.ओ. कार्यकर्ता ने मंडला जिले के एक आदिवासी विद्यालय में कक्षा पाँच के छात्र से जब भारत के प्रधानमंत्री का नाम पूछा तो उसने बड़े आत्मविश्वास से राजीव गांधी का नाम बताया। हाल में ग्रामीण क्षेत्रों से 10वीं कक्षा की पढ़ाई पूरी कर राज्य पुलिस विभाग में सिपाही की भरती के लिए हुई लिखित परीक्षा में की गई कॉपी जाँच में आला अफसरों ने बिलकुल गलत किंतु रोचक उत्तर देखा। उदाहरण के लिए, भारत का राष्ट्रपति कौन है? प्रश्न का उत्तर था—सोनिया गांधी। इसी तरह प्रधानमंत्री के नाम पर राहुल गांधी का नाम लिखा गया था।

गाँवों में जाना नहीं चाहते शिक्षक

भौतिकवादी और सुविधाभोगी युग में आज मध्य प्रदेश के गाँव बुनियादी सुविधाओं की दृष्टि से काफी पिछड़े हुए हैं और कई गाँवों में तो शिक्षकों के निवास के लिए उपयुक्त आवास भी नहीं हैं। ऐसे में शिक्षक गाँव में जाना नहीं चाहते हैं; लेकिन सरकारी नौकरी और अच्छे वेतन के लालच में वे नौकरी करते हैं और कुछ दिनों बाद राजनीतिक व प्रशासनिक जोड़-तोड़ के जरिए किसी शहरी स्कूल में अपनी पद-स्थापना भी करा लेते हैं और थोड़े समय पढ़ाने के बाद घर लौट आते हैं। राजधानी भोपाल से प्रतिदिन लगभग 300 शिक्षक-शिक्षिकाएँ आसपास के 70 किलोमीटर दूर के गाँव के स्कूल में सेवा देने के लिए हर दिन आना-जाना करते हैं। इसी तरह जबलपुर में लगभग 400 ग्रामीण शिक्षक

रहते हैं, जबकि उनकी पद-स्थापना आसपास के 40 किलोमीटर तक के गाँवों में है। जिला मुख्यालयों और तहसील मुख्यालयोंवाले शहरों की बात करें तो राज्य में 15,000 से ज्यादा ग्रामीण शिक्षक अपनी पद-स्थापनावाले गाँव में न रहकर गाँव में 10-50 किलोमीटर दूर तक रहते हैं और हर दिन आना-जाना करते हैं। शिक्षकों के गाँव में न रहने से भी पढ़ाई में बाधा उत्पन्न होती है, क्योंकि कई बार ये शिक्षक बिना कारण गायब हो जाते हैं या काफी देरी से स्कूल आते हैं। 16,000 स्कूल एक-एक शिक्षक के भरोसे चल रहे हैं।

सरकार की जिला सूचना पद्धति के माध्यम से कराए गए सर्वेक्षण के अनुसार राज्य में 14,500 सरकारी प्राइमरी स्कूल और लगभग 1,500 मिडिल स्कूल एक-एक शिक्षक के भरोसे चल रहे हैं। इन स्कूलों में कुल 25 लाख से ज्यादा बच्चों का दाखिला होना बताया गया है। सवाल है कि एक से पाँचवीं तक अलग-अलग कक्षा में पढ़नेवाले बहुत सारे बच्चों को एक शिक्षक कैसे पढ़ा सकता है? सरकारी नियमों के अनुसार शिक्षक एक वर्ष में आकस्मिक अवकाश, बीमारी अवकाश और अर्जित अवकाश के मद में 37 दिन की छुट्टी ले सकता है, अर्थात् यदि यह एकमात्र शिक्षक स्कूल नहीं आता है तो स्कूल बंद रहता है।

जहाँ तक स्कूल भवनों का सवाल है, एक एन.जी.ओ. के अध्ययन के अनुसार राज्य में 50 प्रतिशत से ज्यादा प्राथमिक स्कूल घटिया, अस्वास्थ्यकर और सुविधा-विहीन हैं। लगभग 75 प्रतिशत स्कूलों में न तो खेल के मैदान हैं और न ही बच्चों के लिए शौचालय।

दरअसल आजादी के इतने वर्षों में देश की सभी सरकारों ने लगभग उसी ढर्रे पर काम किया है, जो अंग्रेज हमारे लिए छोड़ गए थे। इन चौंसठ वर्षों की आजादी में ज्यादातर नेताओं ने देश से ज्यादा अपनी परवाह की। शिक्षा उनके लिए कभी गंभीर विषय नहीं रहा। खासतौर से बच्चों की शिक्षा को लेकर वे प्रयोग ही करते रहे, पर राज्य अपने हिसाब से शिक्षा नीति बनाते रहे। राज्यों ने अपने-अपने शिक्षा बोर्ड बनाए। केंद्र की ओर से स्कूलों के लिए दो प्रमुख संस्थान सी.बी.एस.ई. और आई.सी.एस.ई. गठित किए गए, लेकिन कुछ राज्यों ने आज भी अपनी व्यवस्था कायम रखी हुई है।

जब केंद्र सरकार ने 6 से 14 वर्ष तक के सभी बच्चों के लिए अनिवार्य शिक्षा का बिल राज्यसभा में पास किया तो लगा जैसे देश में एक तरह की क्रांति आ गई। लेकिन व्यवहार में इसका कितना फायदा होगा, यह अभी देखना बाकी है।

बिहार स्कूल परीक्षा समिति से बोर्ड परीक्षा पास करनेवाले 11वीं की

परीक्षा देते रहे हैं, जबकि उसी समय दिल्ली समेत अनेक राज्यों में लोग 10वीं में ही बोर्ड परीक्षा देते हैं। बाद में बिहार में भी लोगों ने केंद्र सरकार की सी.बी.एस.ई. को अपनाना शुरू कर दिया, पर जिन्होंने अपने जीवन का एक वर्ष ज्यादा दिया, वे तो वापस नहीं आएँगे? यह तो सिर्फ एक उदाहरण है। बच्चों के साथ देश और राज्यों के शिक्षा विभाग ने न जाने कितने प्रयोग किए। ऐसी व्यवस्था कर दी गई है, जिसमें शिक्षा से ज्यादा उसके व्यवसाय पर जोर रहता है। पिछले दिनों दिल्ली के एक स्कूल ने समाज के दो वर्गों के लिए दो तरह की व्यवस्था की घोषणा करके एक विवाद खड़ा कर दिया। उसने अमीर लोगों के लिए वातानुकूलित और दूसरों के लिए सामान्य क्लास रूम की बात की थी। पहले तो इसे आम लोगों ने नजरअंदाज किया, पर बाद में इस पर इतनी बयानबाजी हुई कि शिक्षा मंत्री को हस्तक्षेप करना पड़ा।

आर.टी.ई. अधिनियम लागू होने का सबसे बड़ा फायदा शिक्षक समुदाय को होना है, क्योंकि उसके बाद शिक्षक और छात्रों का अनुपात आज के 1:90 की जगह 1:30 होना है। इससे शिक्षकों की बहाली का रास्ता भी खुलने वाला है। इसके लिए सरकार को 7 लाख अप्रशिक्षित और 12 लाख प्रशिक्षित शिक्षकों को बहाल करना होगा। अभी देश के 28 में से 13 राज्यों में ही शिक्षकों की पर्याप्त संख्या है। अनुमान है कि इसे लागू करने में 1.78 लाख करोड़ रुपए का खर्चा आएगा, जिसे केंद्र और राज्य सरकारों को मिलकर पूरा करना है।

सबसे ज्यादा परेशानी बिहार जैसे राज्यों में है। यहाँ कम-से-कम 5 लाख अप्रशिक्षित शिक्षकों की तत्काल आवश्यकता है। ऐसे ही कुछ अन्य राज्यों के नाम हैं—असम, पश्चिम बंगाल, छत्तीसगढ़ और उत्तर प्रदेश।

◎◎

18
उपयोगी सवाल-जवाब

ज्ञान ही सच्ची आँखें हैं। ज्ञानहीन मनुष्य आँखोंवाला होकर भी अंधा होता है।

—लेखक

• छह से चौदह वर्ष के आयु वर्ग को चुनने का क्या उद्देश्य है?

विधेयक में सभी बच्चों को अनिवार्य रूप से प्रारंभिक से माध्यमिक स्कूल तक की शिक्षा देने पर जोर दिया गया है और इस आयु वर्ग के बच्चों को शिक्षा देने से उनके भविष्य का आधार तैयार हो सकेगा।

• यह कानून क्यों महत्त्वपूर्ण है और इसका भारत के लिए क्या अर्थ है?

मुफ्त और अनिवार्य शिक्षा का अधिकार (आर.टी.ई.) कानून 2009 का पास होना भारत के बच्चों के लिए ऐतिहासिक क्षण है। यह कानून सुनिश्चित करता है कि हरेक बच्चे को गुणवत्तापूर्ण प्राथमिक शिक्षा का अधिकार प्राप्त हो और यह इसे राज्य, परिवार एवं समुदाय की सहायता से पूरा करता है। विश्व के कुछ ही देशों में मुफ्त और बच्चे पर केंद्रित तथा मित्रवत् शिक्षा देने को सुनिश्चित करने का राष्ट्रीय प्रावधान मौजूद है।

• आर.टी.ई. लक्ष्य को प्राप्त करने के लिए मुख्य मुद्दे क्या हैं?

आर.टी.ई. कानून 9 अप्रैल, 2010 को भारत के राजपत्र में अधिसूचित होकर लागू हो गया है। ड्राफ्ट मॉडल रूल्स को राज्यों द्वारा साझा किया गया है, जिसे राज्यों द्वारा निर्धारित करने और उन्हें जल्द-से-जल्द लागू करने की जरूरत है।

आर.टी.ई. आरक्षित तबकों के लिए विशिष्ट प्रावधानों के साथ बाल

श्रमिक, प्रवासी बच्चों, विशिष्ट जरूरतवाले बच्चों या सामाजिक, सांस्कृतिक, आर्थिक, भौगोलिक, भाषाई, लिंग या ऐसे किसी अन्य विशिष्टतावाले सभी बच्चों को एक मंच उपलब्ध कराता है। आर.टी.ई. शिक्षण और सीखने की गुणवत्ता पर केंद्रित है, जिसे निरंतर प्रयास और सतत सुधारों की जरूरत होती है।

10 लाख से अधिक नए और अप्रशिक्षित शिक्षकों को अगले 5 साल के भीतर प्रशिक्षित करना और सेवा दे रहे शिक्षकों को बाल मित्रवत् शिक्षा सुनिश्चित करने की क्षमता में सुधार लाना।

भारत में अनुमानित 19 करोड़ लड़कियों और लड़कों को, जिन्हें फिलहाल प्राथमिक शिक्षा में होना चाहिए, सभी को बाल मित्रवत शिक्षा सुनिश्चित करने के लिए परिवार और समुदायों की बड़ी भूमिका है।

निष्पक्षता से असमानता का उन्मूलन गुणवत्तापूर्ण शिक्षा के लिए आवश्यक है। प्रीस्कूल में उद्‌देश्यों की प्राप्ति में निवेश महत्त्वपूर्ण रणनीति है।

स्कूल से बाहर के 80 लाख बच्चों को उनकी आयु के हिसाब से सही समय पर स्कूल में लाना और स्कूल में ठहराना तथा इन सफलताओं में लोचशीलता एवं अनोखे तरीके से पहल करना एक अहम चुनौती है।

- **मुफ्त और अनिवार्य प्राथमिक शिक्षा क्या है?**

6 से 14 आयु के सभी बच्चे को अपने पड़ोस के स्कूलों में मुफ्त और अनिवार्य प्राथमिक शिक्षा प्राप्त करने का अधिकार मिलेगा। इसके लिए बच्चे या उनके अभिभावकों से प्राथमिक शिक्षा हासिल करने के लिए कोई भी प्रत्यक्ष फीस (स्कूल फीस) या अप्रत्यक्ष मूल्य (यूनीफॉर्म, पाठ्य-पुस्तकें, मध्याह्न भोजन, परिवहन) नहीं लिया जाएगा। सरकार बच्चे को निःशुल्क स्कूलिंग उपलब्ध करवाएगी, जब तक कि उसकी प्राथमिक शिक्षा पूरी नहीं हो जाती।

- **आर.टी.ई. बाल मित्रवत् स्कूलों की कैसे सहायता करता है?**

सभी स्कूलों को सीखने के प्रभावकारी वातावरण के लिए बुनियादी ढाँचों और शिक्षण नियमों का पालन करना चाहिए। प्राथमिक स्तर पर हरेक 60 बच्चों पर 2 प्रशिक्षित शिक्षक उपलब्ध कराए जाने चाहिए।

शिक्षकों को नियमित और सही समय पर स्कूल आना चाहिए, पाठ्यक्रम के निर्देशों को पूरा करना चाहिए, समाप्ति निर्देशों के मुताबिक सीखने की क्षमता बढ़ाना और उन्हें माता-पिता व शिक्षकों के बीच बैठकें करानी चाहिए। शिक्षकों की संख्या बच्चों की संख्या के आधार पर होनी चाहिए, न कि ग्रेड के आधार पर।

राज्य बच्चों को सीखने में बेहतर बनाने के लिए शिक्षकों को पर्याप्त सहयोग सुनिश्चित करेगा। समुदाय और नागरिक समाज एस.एम.सी. (स्कूल प्रबंधन समिति–स्कूल मैनेजमेंट कमेटी) के साथ निष्पक्ष तरीके से स्कूल की गुणवत्ता सुनिश्चित करने में महत्त्वपूर्ण भूमिका अदा करेंगे। राज्य नीति फ्रेमवर्क उपलब्ध कराएगा और हरेक बच्चे के लिए आर.टी.ई. को सुनिश्चित करने का वातावरण बनाएगा।

- **यह विधेयक क्यों महत्त्वपूर्ण है?**

यह विधेयक महत्त्वपूर्ण है, क्योंकि संवैधानिक संशोधन लागू करने की दिशा में सरकार की सक्रिय भूमिका का यह पहला कदम है और यह विधेयक इसलिए भी महत्त्वपूर्ण है, क्योंकि–

- इसमें निःशुल्क और अनिवार्य प्रारंभिक तथा माध्यमिक शिक्षा का कानूनी प्रावधान है।
- प्रत्येक इलाके में एक स्कूल का प्रावधान है।
- इसके अंतर्गत एक स्कूल निगरानी समिति के गठन का प्रावधान है, जो समुदाय के निर्वाचित प्रतिनिधियों के माध्यम से स्कूल की कार्य–प्रणाली की निगरानी करेगी।
- 6 से 14 साल के आयु वर्ग के किसी भी बच्चे को नौकरी में नहीं रखने का प्रावधान है।

उपर्युक्त प्रावधान एक सामान्य स्कूल प्रणाली के विकास की नींव रखने की दिशा में प्रभावी कदम है। इससे सभी बच्चों को गुणवत्तापूर्ण शिक्षा दी जा सकेगी और इस प्रकार सामाजिक व आर्थिक रूप से वंचित वर्गों को अलग–अलग करने में रोक लग सकेगी।

- **यदि आर.टी.ई. का उल्लंघन होता है तो कौन सी प्रणाली उपलब्ध है?**

बाल अधिकारों के संरक्षण के लिए राष्ट्रीय आयोग इस कानून के तहत उपलब्ध कराए गए अधिकारों के लिए निगरानी निर्देशों की समीक्षा, शिकायतों की जाँच–पड़ताल करेगा और उसके पास नागरिक अदालत में जाने का विकल्प मौजूद है।

1 अप्रैल, 2010 के बाद छह महीने के भीतर राज्यों को बाल अधिकारों की सुरक्षा के लिए राज्य आयोग (एस.सी.पी.सी.आर.) या शिक्षा के अधिकार का संरक्षण प्राधिकरण (आर.ई.पी.ए.) गठित करना चाहिए। किसी भी व्यक्ति

को यदि कोई शिकायत दर्ज करनी हो तो स्थानीय प्राधिकरण को लिखित शिकायत सौंपनी होगी।

एस.सी.पी.सी.आर./आर.ई.पी.ए. द्वारा याचिका पर निर्णय लिया जाएगा। दंडित करने के लिए उपयुक्त सरकार द्वारा मान्य किसी अधिकारी की मंजूरी भी जरूरी होगी।

• आर.टी.ई. के लिए पैसे कहाँ से आएँगे और भारत में इसका कार्यान्वयन कैसे होगा?

केंद्र और राज्य सरकारें आर.टी.ई. के लिए वित्तीय जिम्मेदारियाँ वहन करेंगी। केंद्र सरकार व्यय का अनुमान बनाएगी। राज्य सरकारें उन खर्चों का 1 प्रतिशत उपलब्ध कराएँगी। केंद्र सरकार आर.टी.ई. के प्रावधान को पूरा करने के संबंध में वित्त आयोग से राज्य को अतिरिक्त संसाधन उपलब्ध कराने का अनुरोध कर सकती है।

राज्य सरकार पर बचे हुए अनुदान को कार्यान्वयन के लिए उपलब्ध कराने की जिम्मेदारी होगी। यदि यहाँ कोई वित्तीय कमी होगी तो उसे नागरिक समाज, विकास एजेंसियाँ, कॉरपोरेट संस्थानों और देश के नागरिकों के समर्थन की आवश्यकता होगी।

• आर.टी.ई. साकार कैसे होगा और यथार्थ में कैसे परिणत होगा?

असमानताओं को दूर करने और गुणवत्ता सुनिश्चित करने के लिए पर्याप्त प्रयासों की जरूरत होगी। सरकार, नागरिक समाज, शिक्षक संगठनों, मीडिया और प्रतिष्ठित लोगों से प्रासंगिक भागीदारों को साथ लाने में यूनिसेफ निर्णायक भूमिका निभाएगा।

यूनिसेफ भागीदारों को संगठित कर जन-जागरूकता को बढ़ाएगा और आह्वान की कार्रवाई करेगा। यह नीति, कार्यक्रम निर्माण, पहुँच और गुणवत्तापूर्ण शिक्षा को बेहतर बनाने पर ध्यान केंद्रित करेगा, जो बच्चों के लिए परिणामों को सुधारने के कारगर तरीकों पर आधारित होगा। आर.टी.ई. पर राष्ट्र स्तरीय और राज्य स्तरीय निगरानी इकाइयों को सुदृढ़ बनाने में यूनिसेफ भागीदारों के साथ मिलकर काम करेगा।

• आर.टी.ई. को सुनिश्चित करने के लिए समुदाय और अभिभावकों की क्या भूमिका तय की गई है?

मुफ्त और अनिवार्य शिक्षा का अधिकार (आर.टी.ई.) कानून 2009 का पास होना भारत के बच्चों के लिए ऐतिहासिक क्षण है। भारत के इतिहास में

पहली बार बच्चों को गुणवत्तापूर्ण प्राथमिक शिक्षा का अधिकार दिया गया है, जिसे राज्य द्वारा परिवार और समुदायों की सहायता से हासिल किया जाएगा। विश्व के कुछ ही देशों में सभी बच्चों को अपनी क्षमताएँ विकसित करने में सहायता के लिए मुफ्त और बच्चों पर केंद्रित तथा मित्रवत् शिक्षा दोनों को सुनिश्चित करने का राष्ट्रीय प्रावधान मौजूद है। यह एक अनुमान है कि वर्ष 2009 में भारत में 6 से 14 वर्ष के आयु वर्ग के ऐसे 80 लाख बच्चे थे, जो स्कूल नहीं जाते थे। विश्व भारत के बगैर वर्ष 2015 तक हरेक बच्चे को प्राथमिक शिक्षा पूरी कराने के उद्देश्य को पूरा नहीं कर सकता। स्कूल स्थानीय अधिकरणों, अधिकारियों, माता-पिता, अभिभावकों और शिक्षकों को मिलाकर स्कूल प्रबंधन समितियाँ (एस.एम.सी.) बनाएँ। ये एस.एम.सी. स्कूल के विकास के लिए योजनाएँ बनाएँगी, सरकार द्वारा दिए गए अनुदान का इस्तेमाल करेंगी और पूरे स्कूल के वातावरण को नियंत्रित करेंगी।

आर.टी.ई. में घोषित है कि एस.एम.सी. में वंचित तबकों से आनेवाले बच्चों के माता-पिता और 50 प्रतिशत महिलाएँ होनी चाहिए। इस तरह के समुदायों की भागीदारी लड़कियों और लड़कों के लिए अलग-अलग शौचालय सुविधाओं, जल, स्वच्छता जैसे मुद्दों पर पर्याप्त ध्यान के जरिए पूरे स्कूल के वातावरण को बाल मित्रवत् बनाने को सुनिश्चित करने हेतु महत्त्वपूर्ण होगी।

19

निष्कर्ष

ज्ञान के बिना जीवन व्यर्थ है। ज्ञानहीन मनुष्य पशु के समान है। ज्ञान ही परदेश में मित्र है।

–चाणक्य

सूचना के अधिकार के बाद शिक्षा का अधिकार भी हमारे बुनियादी हकों में शामिल हो गया। इन्हें हमारे सामाजिक जीवन की एक नई सकारात्मक शुरुआत भी माना जा सकता है। ऊपरी तौर पर यह मामूली से निर्णय लगते हैं, लेकिन सूचना के अधिकार की ही मिसाल लें तो यह एक ऐसा शक्तिशाली हथियार साबित हो सकता है, जिसके बल पर सत्ता के लौह द्वार को खोलना भले ही संभव न हो, पर उसे जालीदार तो बनाया ही जा सकता है।

जहाँ तक शिक्षा की बात है, शिक्षा इनसान की कैमिस्ट्री को बदल देती है। जीवन तो कुदरत से मिल जाता है, पर जीवन जीने का सलीका शिक्षा देती है। यह हमारा दुर्भाग्य रहा है कि आज तक शिक्षा सबके लिए समान स्तर पर उपलब्ध नहीं रही। इसका व्यापक जनहित में उपयोग नहीं हो पाया। विशेषाधिकार के तौर पर दुरुपयोग ज्यादा किया गया। ऐसे में शिक्षा का यह बुनियादी अधिकार हमारी विकास–यात्रा में एक मील का पत्थर साबित हो सकता है।

आजादी के इन 64 वर्षों के बाद भी हम आज तक यह तय नहीं कर पा रहे हैं कि देश के नौनिहालों को कैसे और कैसी शिक्षा दें। असल में, आज भी हम हजारों रुपए खर्च करके जो शिक्षा अपने बच्चों को मुहैया करा पा रहे हैं, वह उन्हें बस्तों के बोझ के अलावा क्या सिखा पाती है। हम बच्चों को जिस व्यवस्था में स्कूल में डालते हैं, उसमें वह पहले दिन से अमीर–गरीब को पहचानने लगता है। इसके कारण जो दंभ उसके मन में पैदा होता है, वह उसे

नैतिकता की किसी भी परिभाषा में फिट नहीं बैठने देता। क्या हमारे नेतागण इसके बारे में भी कोई रास्ता तलाश रहे हैं?

हमारे देश में जब आधुनिक शिक्षा व्यवस्था गाँव-गाँव में दस्तक दे रही थी, उसी समय उच्च भ्रू लोगों के लिए अंग्रेजी पब्लिक स्कूलों की संस्कृति भी अपनी जड़ें जमा रही थी। आखिर अंग्रेज और उनके हाकिम यह कैसे बरदाश्त कर सकते थे कि भारतीय देहाती और गँवारों के बच्चे उनके बच्चों की बराबरी करें। इसलिए दो तरह की शिक्षा व्यवस्था बनाई गई, जो आज तक दोनों उद्देश्यों को पूरा कर रही है।

एक तो यह कि आभिजात्य वर्ग की ऐंठन बरकरार रहे। उसकी संतानें नौकरों की संतानों की छूत से दूर रहें। दूसरे, पीढ़ी-दर-पीढ़ी मालिकों की संतानें मालिक और नौकरों की संतानें नौकर बनती रहें। आजादी के बाद जैसे-जैसे मध्य वर्ग अमीर होता गया, अंग्रेजी पब्लिक स्कूलों की संस्कृति सार्वजनिक शिक्षा

शिक्षा का व्यवसायीकरण

आज स्थिति ऐसी है कि बड़े निजी विद्यालय किसी आलीशान फाइव स्टार होटल की तरह हैं जहां वातानुकूलित कक्ष, तरणताल, कसरत-कक्ष आदि जैसी तमाम सुविधाएं मुहैया कराने के बदले अभिभावकों से मोटी फीस वसूली जाती है। अभिभावकों का मनोविज्ञान भी काफी हद तक इस स्थिति के लिए जिम्मेदार है। अब तो बड़े नामी-गिरामी स्कूल में बच्चों को पढ़ाना एक स्टेटस सिंबल-सा बन गया है। देश के बहुत से निजी विद्यालय तो सिर्फ इसलिए जाने जाते हैं क्योंकि उनके यहां बड़े उद्योगपतियों के, फिल्मी सितारों के, राजनीतिज्ञों एवं नौकरशाहों के बच्चे पढ़ते हैं। अलबत्ता इनमें से कोई कभी अपनी शिक्षा व्यवस्था के लिए प्रसिद्ध हुआ हो, ऐसा सुनने में नहीं आता।

सी महत्वाकांक्षी योजनाओं की शुरुआत भी की। देश भर में केंद्रीय विद्यालय संगठन, नवोदय विद्यालय संगठन, सर्वोदय विद्यालय संगठन, केंद्रीय माध्यमिक शिक्षा बोर्ड आदि जैसे राष्ट्रीय संस्थानों की स्थापना पूर्ण शिक्षा के उद्देश्य को लेकर ही की गई। इसके साथ-साथ निजी शिक्षा संस्थानों एवं निकायों को भी इसी उद्देश्य की पूर्ति के लिए न सिर्फ स्वतंत्रता और पर्याप्त प्रोत्साहन दिया गया बल्कि इन्हें इतना संरक्षण मिला कि ये संस्थान विशुद्ध व्यवसायिक प्रतिष्ठानों की तरह लाभ और मुनाफाखोरी के उद्देश्य के लिए बिल्कुल निरंकुश व्यवहार करने लगे। दरअसल जब रोजगार की तलाश में आम लोगों ने एक साथ शहरों की तरफ पलायन किया और फिर यहीं स्थाई रूप से बस गए तो उन परिवारों के बच्चों की शैक्षिक आवश्यकताओं की पूर्ति हेतु जब सरकार ने उस अनुपात में शिक्षा संस्थानों की स्थापना नहीं की तो निजी शिक्षा की प्रवृत्ति को बढ़ावा मिला। किंतु

शिक्षा संस्थानों की बदहाली एवं शिक्षा का गिरता स्तर। यह सरकारी विद्यालयों की छवि ही थी जिसने ऐसी स्थिति उत्पन्न कर दी कि सिर्फ निम्नतम आय वाले गरीब-मजदूर ही अपने बच्चों को सरकारी विद्यालय में पढ़ाने को तैयार थे।

पिछले वर्ष सरकारी विद्यालयों पर किए गए एक सर्वेक्षण के परिणाम चौंकाने वाले रहे। देश भर के सरकारी विद्यालयों

भवन नहीं है। लगभग 61 प्रतिशत विद्यालयों में बच्चों के बैठने के लिए मेज-कुर्सियां वगैरह नहीं हैं, 47 प्रतिशत विद्यालयों में आवश्यकता से कम शिक्षक हैं तथा 53 प्रतिशत विद्यालयों में पीने के पानी तथा शौच आदि की व्यवस्था नहीं है।

विश्लेषक बताते हैं कि सरकार ने गरीब बच्चों को शिक्षा की तरफ आकृष्ट

योजना, प्रतिदिन एक रुपया देने जैसी योजनाएं चलाने के लिए तो काफी धनराशि खर्च की है किंतु उपरोक्त बुनियादी ढांचागत सुधारों के लिए अब तक कोई महत्वाकांक्षी योजना नहीं बनाई। यही कारण था कि शहरों तो शहरों, ग्रामीण क्षेत्रों व कस्बों के गली-कूचों तक में निजी स्कूल खुलने लगे। बड़े शहरों की बात करें तो कॉन्वेंट संस्कृति के बढ़ते चलन ने पहले संपन्न घरानों को आकृष्ट किया। अपने ऊंचे स्तर के मुताबिक उन्हें अपने बच्चों के लिए भी वैसे ही अत्याधुनिक सुविधा संपन्न विद्यालयों की तलाश रहने लगी और उनकी इसी मनोकामना को पूरा किया निजी विद्यालयों ने। इन स्कूलों में बच्चों को टाई, बेल्ट, टोपी, कोट इत्यादि को परिधान में शामिल कर पहले उन्हें कॉरपोरेट लुक दिया गया।

ज्यादा विस्तार से चर्चा करने से बेहतर तो यही कहना होगा कि आज स्थिति ऐसी है कि बड़े निजी विद्यालय किसी आलीशान फाइव स्टार होटल की तरह

आदर्श विद्यालय का यह स्वरूप अब गिने-चुने संस्थानों तक सीमित रह गया है।

व्यवस्था को तोड़ती गई और आज यह मरणासन्न अवस्था में है। इसके बरक्स देश के हर गली-कूचे में आपके बजट की शिक्षा की दुकान उपलब्ध हैं। ऐसे में शिक्षा के मौलिक अधिकार का कानून शायद सरकारी स्कूलों के लिए संजीवनी का काम कर जाए।

दरअसल होना तो यह चाहिए कि शिक्षा के अधिकार के साथ-साथ शिक्षा में बराबरी की बात की जाए। एक जैसी शिक्षा ही समतामूलक समाज का आधार रख सकती है। आज भी एक तरफ टाट-पट्टी पर और पेड़ के नीचे चलती वर्नाकुलर (देसी भाषाओं के लिए औवनिवेशिक गाली) यानी देसी भाषाओं की पाठशालाएँ हैं, जो बच्चों के साथ खिलवाड़ के सिवा शायद ही कुछ करती हों। दूसरी तरफ विदेशी बोर्डों के पाँच-सितारा स्कूल हैं, जो विदेश जाने के एक्सक्लूसिव हाई-वे का काम करने वाले हैं। शिक्षा के सांस्कृतिक पहलू पर नजर डालें तो भारतीय शिक्षा का लॉर्ड मैकाले का प्रयोग पूरी तरह से सफल रहा है। उसकी शिक्षा व्यवस्था ने हमारे भीतर की भारतीयता का अंग्रेजीकरण कर दिया है।

अब तो हमारी सारी सांस्कृतिक और भाषाई विरासत संकट में है। इस महादेश की बहुसंख्या खेतीबाड़ी पर निर्भर रही है। काश, हमारी शिक्षा 10 हजार साल पुराने इस पारंपरिक पेशे को इज्जत से देखने का संस्कार दे पाती! शिक्षा ने अपने ही समाज को अपनी ही नजरों से गिराने का गुनाह किया है और बाबूगीरी की झूठी अकड़ सिखाई है। हमें ऐसी व्यवस्था बनानी होगी, जो आधुनिक शिक्षा संदर्भों का भारतीयकरण करते हुए उन्हें हमारी शिक्षा और जनजीवन का हिस्सा बनाए।

शिक्षा के कानून को लागू करने के लिए भौतिक संसाधनों की जितनी जरूरत है, शिक्षा के सच्चे अर्थों की तलाश और उन पर अमल करने की उससे कहीं ज्यादा जरूरत है। सरकारी, गैर-सरकारी और निजी क्षेत्र को मिलकर यह भगीरथ प्रयास करना होगा। जहाँ-जहाँ, जो-जो एजेंसी अच्छा काम कर रही है, उसके लिए और ज्यादा काम करने का माहौल मुहैया कराना होगा। आनेवाले दशकों में भारत की युवा जनसंख्या विश्व में सबसे ज्यादा होने वाली है। युवा वर्ग को शिक्षा से ही सशक्त बनाया जा सकता है। अखिल समाज को अपने बच्चों को सुशिक्षित और चेतना संपन्न व्यक्ति बनाने का संकल्प लेना होगा।

संक्षेपाक्षर

ए.सी.सी.सी.	एसोसिएशन ऑफ कैनेडियन कम्युनिटी कॉलेज
ए.सी.सी.यू.	एशिया-पैसिफिक कल्चरल सेंटर फॉर यूनेस्को
ए.सी.यू.	एसोसिएशन ऑफ कॉमनवेल्थ यूनिवर्सिटीज
ए.ई.	प्रौढ़ शिक्षा
ए.ई.सी.	प्रौढ़ शिक्षा केंद्र
ए.आई.सी.टी.ई.	अखिल भारतीय तकनीकी शिक्षा परिषद्
ए.आई.ई.	वैकल्पिक तथा नवाचारी शिक्षा
ए.आई.ई.ई.ई.	अखिल भारतीय इंजीनियरिंग प्रवेश परीक्षा
ए.आई.आई.ए.	अमेरिकन इंस्टीट्यूट ऑफ इंडियन स्टडीज
ए.आई.एम.एम.पी.	क्षेत्र गहन तथा मदरसा आधुनिकीकरण कार्यक्रम
ए.आई.एस.ई.एस.	अखिल भारतीय स्कूल शिक्षा सर्वेक्षण
ए.पी.ई.आई.डी.	विकास हेतु शैक्षिक विकास के लिए एशिया-प्रशांत कार्यक्रम
ए.एस.सी.	शैक्षणिक स्टाफ कॉलेज
ए.एस.सी.आई.	भारतीय प्रशासनिक स्टाफ कॉलेज
ए.एस.आई.एस.टी.	विज्ञान एवं प्रौद्योगिकी हेतु आधारभूत ढाँचे के सुदृढ़ीकरण हेतु सहायता
ए.वी.आर.सी.	दृश्य-श्रव्य अनुसंधान केंद्र
बी.ए.एस.ई.	बंगलौर एसोसिएशन फॉर साइंस एजुकेशन
बी.ई.	बजट व्यय
बी.ई.पी.	बिहार शिक्षा परियोजना
बी.जी.वी.एस.	भारत ज्ञान-विज्ञान समिति
बी.आई.टी.एस.	बिरला इंस्टीट्यूट ऑफ टेक्नोलॉजी एंड साइंस
बी.एल.आर.सी.	ब्लॉक स्तर संसाधन केंद्र
बी.एम.एस.	आधारभूत न्यूनतम सेवाएँ
बी.ओ.ए.टी.	प्रशिक्षु प्रशिक्षण बोर्ड
बी.पी.एल.	गरीबी रेखा से नीचे

बी.आर.ए.ओ.यू.	बी.आर. अंबेडकर मुक्त विश्वविद्यालय
सी.ए.बी.ई.	केंद्रीय परामर्श शिक्षा बोर्ड
सी.ए.सी.	केंद्रीय प्रशिक्षु परिषद्
सी.बी.आर.	समुदाय आधारित पुनर्वास
सी.बी.एस.ई.	केंद्रीय माध्यमिक शिक्षा बोर्ड
सी.सी.ए.	कंप्यूटर एप्लीकेशंस में प्रमाण-पत्र पाठ्यक्रम
सी.सी.ई.	सतत शिक्षा केंद्र
सी.सी.ई.	सततव्यापक मूल्यांकन
सी.सी.आर.टी.	सांस्कृतिक संसाधन एवं प्रशिक्षण केंद्र
सी.डी.सी.	पाठ्यक्रम विकास केंद्र
सी.डी.पी.ओ.	समुदाय विकास परियोजना अधिकारी
सी.ई.	सतत शिक्षा
सी.ई.ए.सी.	प्रतिलिप्याधिकार प्रवर्तन परामर्श परिषद्
सी.ई.सी.	सतत् शिक्षा केंद्र
सी.ई.ई.पी.	सांस्कृतिक शैक्षणिक आदान-प्रदान कार्यक्रम
सी.ई.पी	कंप्यूटर शिक्षा योजना
सी.ई.पी.	सतत शिक्षा कार्यक्रम
सी.ई.पी.	सांस्कृतिक आदान-प्रदान कार्यक्रम
सी.ई.आर.पी.ए.	अनुसंधान, आयोजना एवं कार्रवाई केंद्र
सी.ई.एस.	शिक्षा सचिवों की समिति
सी.जी.आई.	भारतीय महा-वाणिज्य दूतावास
सी.जी.पी.ए.	संचित ग्रेड पॉइंट औसत
सी.एच.डी.	केंद्रीय हिंदी निदेशालय
सी.आई.डी.ए.	कैनेडियन इंटरनेशनल डेवलपमेंट एजेंसी
सी.आई.ई.एफ.एल.	केंद्रीय अंग्रेजी तथा विदेशी भाषा संस्थान
सी.आई.ई.टी.	केंद्रीय शैक्षणिक प्रौद्योगिकी संस्थान
सी.आई.आई.एल.पी.	कनाडा-इंडिया इंस्टीट्यूट लिंकेज
सी.आई.आई.एल.	केंद्रीय भारतीय भाषा संस्थान
सी.आई.आर.ई.	बीमा अनुसंधान एवं शिक्षा केंद्र
सी.आई.एस.सी.ई.	काउंसिल फॉर इंडियन स्कूल सर्टिफिकेट एजुकेशन
सी.आई.वी.ई.	केंद्रीय व्यावसायिक शिक्षा संस्थान
सी.एल.ए.एस.एस.	विद्यालयों में कंप्यूटर साक्षरता तथा अध्ययन
सी.एल.पी.	बाल श्रम परियोजना/कंप्यूटर साक्षरता कार्यक्रम
सी.एम.सी.एच.सी.	मातृ एवं बाल स्वास्थ्य देखभाल प्रमाण-पत्र
सी.एन.आई.सी.	नवजात तथा शिशु देखभाल प्रमाण-पत्र

सी.ओ.बी.एस.ई.	माध्यमिक शिक्षा बोर्ड परिषद्
सी.ओ.एल.	कॉमनवेल्थ ऑफ लर्निंग
सी.पी.सी.सी.	आयोग आयोजना एवं लागत समिति
सी.पी.पी.	सार्वजनिक नीति केंद्र
सी.पी.एस.सी.	शिक्षा हेतु कोलंबो प्लान स्टाफ कॉलेज
सी.एस.आई.आर.	वैज्ञानिक एवं औद्योगिक अनुसंधान केंद्र
सी.एस.एम.	सॉफ्टवेयर प्रबंधन केंद्र
सी.एस.टी.टी.	वैज्ञानिक एवं तकनीकी शब्दावली आयोग
सी.टी.ई.	शिक्षक शिक्षा कॉलेज
सी.टी.पी.	कंप्यूटर तकनीशियन कार्यक्रम
सी.टी.एस.ए.	केंद्रीय तिब्बती स्कूल प्रशासन
सी.वी.सी.	केंद्रीय सतर्कता आयोग
सी.वी.ओ.	मुख्य सतर्कता अधिकारी
डी.ए.	महँगाई भत्ता
डी.ए.ई.	वयस्क शिक्षा निदेशालय
डी.बी.टी.	जैव-प्रौद्योगिकी विभाग
डी.ई.ई.पी.	जिला प्राथमिक शिक्षा योजना
डी.ए.आई.डी.	अंतरराष्ट्रीय विकास विभाग
डी.आई.ई.टी.	जिला शिक्षा एवं प्रशिक्षण संस्थान
डी.आई.यू.	जिला क्रियान्वयन यूनिट
डी.ओ.एन.ई.आर.	पूर्वोत्तर क्षेत्र का विकास
डी.ओ.एस.	अंतरिक्ष विभाग
डी.पी.सी.	जिला कार्यक्रम समन्वयकर्ता
डी.पी.ई.	प्राथमिक शिक्षा डिप्लोमा
डी.पी.ई.पी.	जिला प्राथमिक शिक्षा कार्यक्रम
डी.पी.जी.	लोक शिकायत निदेशालय
डी.पी.एन.ई.आर.	पूर्वोत्तर क्षेत्र हेतु विकास परियोजनाएँ
डी.आर.सी.	जिला पुनर्वास केंद्र
डी.आर.डी.ए.	जिला ग्रामीण विकास एजेंसी
डी.आर.डी.ओ.	रक्षा अनुसंधान एवं विकास संगठन
डी.आर.यू.	जिला संसाधन यूनिट
डी.एस.	डे स्कूल
डी.टी.पी.	डेस्क टॉप पब्लिशिंग
डी.डब्ल्यू.सी.आर.ए.	ग्रामीण क्षेत्रों में महिला एवं बाल विकास
ई.ए.आर.	बाहरी शैक्षणिक संबंध

ई.बी.	शैक्षणिक रूप से पिछड़ा हुआ
ई.बी.बी.	शैक्षणिक रूप से पिछड़े हुए ब्लॉक
ई.सी.	यूरोपियन कमीशन
ई.सी.सी.ई.	प्रारंभिक बाल्यावस्था देखभाल तथा शिक्षा
ई.सी.ओ.डब्ल्यू.ए.एस.	पश्चिमी अफ्रीकी देशों का आर्थिक संगठन
ए.सी.ई.एल.	एजुकेशनल कंसल्टेंट्स इंडिया लिमिटेड
ई.ई.ओ.	शिक्षा विस्तार अधिकारी
ई.ई.पी.	शिक्षा आदान–प्रदान कार्यक्रम
इ.एफ.ए.	सभी के लिए शिक्षा
ई.जी.एस.	शिक्षा गारंटी योजना
ई.एच.पी.	मानव–मूल्यों में शिक्षा
ई.एल.टी.आई.	अंग्रेजी भाषा शिक्षण संस्थान
ई.एम.डी.पी.	उद्यमशीलता एवं प्रबंधन विकास कार्यक्रम
ई.एम.आई.एस.	शैक्षणिक प्रबंधन विकास कार्यक्रम
ई.एम.आर.सी.	शैक्षणिक मीडिया अनुसंधान केंद्र
ई.ओ.सी.	समान अवसर प्रकोष्ठ
ई.पी.	समतुल्यता कार्यक्रम
ई.आर.सी.	व्यय सुधार आयोग
ई.आर.आई.सी.	शैक्षणिक अनुसंधान एवं नवाचार केंद्र
ई.एस.पी.एस.	विदेश छात्रवृत्ति प्रसंस्करण प्रणाली
एफ.जी.	अंतिम अनुदान
एफ.आई.पी.	भारतीय प्रकाशक संघ
एफ.पी.एम.	प्रबंधन में अध्येता वृत्ति कार्यक्रम
जी.ए.टी.एस.	जनरल एग्रीमेंट ऑन ट्रेड इन सर्विसेस
जी.ए.टी.टी.	जनरल एग्रीमेंट ऑन ट्रेड एंड टैरिफ
जी.बी.एस.	सकल बजटीय सहायता
जी.ई.आर.	सकल नामांकन अनुपात
जी.पी.एफ.	सामान्य भविष्य निधि
जी.वी.सी.	जेनरिक व्यावसायिक पाठ्यक्रम
एच.बी.सी.एस.ई.	होमी भाभा विज्ञान शिक्षा केंद्र
एच.ई.पी.एस.एन.	विशेष आवश्यकताओंवाले व्यक्तियों हेतु उच्च शिक्षा
आई.आई.आई.टी.एम.	भारतीय सूचना प्रौद्योगिकी एवं प्रबंधन संस्थान
आई.आई.एम.	भारतीय प्रबंधन संस्थान
आई.आई.एस.ई.आर.	भारतीय विज्ञान शिक्षा तथा अनुसंधान संस्थान
आई.आई.टी.डी. एंड एम.	भारतीय सूचना एवं प्रौद्योगिकी, डिजाइन एवं

	प्रबंधन संस्थान
एच.आर.एम.	मानव संसाधन (विकास मंत्री)
आई.ए.एम.आर.	प्रायोगिक जनशक्ति अनुसंधान संस्थान
आई.ए.एस.ई.	शिक्षा में उन्नत अध्ययन संस्थान
आई.बी.ई.	अंतरराष्ट्रीय शिक्षा ब्यूरो
आई.बी.ओ.	अंतरराष्ट्रीय बायोलॉजी ओलंपियाड
आई.सी.डी.एस.	समेकित बाल विकास सेवाएँ
आई.सी.एच.ओ.	अंतरराष्ट्रीय कैमेस्ट्री ओलंपियाड
आई.सी.एच.आर.	भारतीय ऐतिहासिक अनुसंधान परिषद्
आई.सी.एम.आर.	भारतीय चिकित्सा अनुसंधान परिषद्
आई.सी.पी.डी.	जनसंख्या एवं विकास पर अंतरराष्ट्रीय सम्मेलन
आई.सी.पी.आर.	भारतीय दर्शनशास्त्र अनुसंधान परिषद्
आई.सी.टी.	सूचना एवं संचार प्रौद्योगिकी
आई.डी.एस.	विकास अध्ययन संस्थान
आई.ई.ए.	भारतीय शैक्षणिक सार
आई.ई.डी.सी.	अशक्त बच्चों हेतु समेकित विकास
आई.ई.टी.ई	इलेक्ट्रॉनिक्स एवं दूरसंचार इंजीनियरिंग संस्थान
इग्नू	इंदिरा गांधी राष्ट्रीय मुक्त विश्वविद्यालय
आई.जी.पी.	आय सृजन कार्यक्रम
आई.आई.ए.एस.	भारतीय उन्नत अध्ययन संस्थान
आई.आई.ई.पी.	अंतरराष्ट्रीय शैक्षणिक आयोजना संस्थान
आई.आई.पी.	उद्योग संस्थान भागीदारी
आई.आई.टी.	भारतीय प्रौद्योगिकी संस्थान
आई.एल.ओ.	अंतरराष्ट्रीय श्रम संगठन
आई.एम.ओ.	इंटरनेशनल मैथमेटिकल ओलंपियाड
आई.एन.सी.सी.यू.	यूनेस्को के साथ सहयोग हेतु भारतीय राष्ट्रीय आयोग
आई.एन.डी.एल.एस.टी.	विज्ञान एवं प्रौद्योगिकी हेतु भारतीय राष्ट्रीय डिजिटल लाइब्रेरी
इनफ्लिबनेट	पुस्तकालय नेटवर्क हेतु सूचना
आई.पी.एच.ओ.	इंटरनेशनल फिजिक्स ओलंपियाड
आई.पी.आर.	बौद्धिक संपदा अधिकार
आई.पी.आर.एस.	इंडियन परफॉर्मिंग राइट सोसाइटी लिमिटेड
आई.आर.आर.ओ.	इंडियन रेप्रोग्राफिक राइट्स ऑर्गेनाइजेशन
आई.एस.बी.एन.	इंटरनेशनल स्टैंडर्ड बुक नंबरिंग
आई.एस.एम.	इंडियन स्कूल ऑफ माइंस

आई.टी.सी.ओ.एस.	ओपन स्कूलिंग में अंतरराष्ट्रीय प्रशिक्षण केंद्र
आई.टी.आई.	औद्योगिक प्रशिक्षण संस्थान
जे.सी.वी.ई.	संयुक्त व्यावसायिक शिक्षा परिषद्
जे.एन.वी.	जवाहर नवोदय विद्यालय
जे.आर.एफ.	जूनियर अनुसंधान अध्येता वृत्ति
जे.आर.वा.ई.	जवाहर रोजगार योजना
जे.एस.एन.	जन शिक्षा निलयम
जे.एस.एस.	जन शिक्षण संस्थान
के.जी.बी.वी.	कस्तूरबा गांधी बालिका विद्यालय
के.एच.एस.	केंद्रीय हिंदी संस्थान
के.एच.एस.एम.	केंद्रीय हिंदी शिक्षण मंडल
के.वी.एस.	केंद्रीय विद्यालय संगठन
एल.ए.एन.	लोकल एरिया नेटवर्क
एल.ई.पी.	जीवन समृद्धि कार्यक्रम
एल.एस.सी.	लर्नर सपोर्ट केंद्र
एम.डी.एम.	मध्याह्न भोजन
एम.एच.आर.डी.	मानव संसाधन विकास मंत्रालय
एम.ओ.यू.	समझौता ज्ञापन
एम.एस.	महिला समाख्या
एम.एस.के.	राष्ट्रीय प्रत्यापन बोर्ड
एन.ए.सी.ओ.	राष्ट्रीय एड्स नियंत्रण संगठन
एन.ए.एन.सी.ई.	सतत शिक्षा हेतु राष्ट्रीय शैक्षणिक नेटवर्क
एन.ए.एस.एस.डी.ओ.सी.	राष्ट्रीय समाज विज्ञान प्रलेखन केंद्र
एन.बी.बी.	राष्ट्रीय बाल भवन
एन.बी.एच.एम.	राष्ट्रीय उच्चतर गणित बोर्ड
एन.बी.टी.	नेशनल बुक ट्रस्ट
एन.सी.ए.ई.आर.	राष्ट्रीय प्रायोगिक आर्थिक अनुसंधान परिषद्
एन.सी.सी.	नेशनल कैडेट कोर
एन.सी.सी.एल.	राष्ट्रीय बाल साहित्य केंद्र
एन.सी.ई.सी.	नोडल सतत शिक्षा केंद्र
एन.सी.ई.आर.टी.	राष्ट्रीय शैक्षणिक अनुसंधान एवं प्रशिक्षण परिषद्
एन.सी.एच.ई.	राष्ट्रीय उच्चतर शिक्षा परिषद्
एन.सी.ओ.एस.	राष्ट्रीय ओपन स्कूलिंग संघ
एन.सी.पी.एस.एल.	राष्ट्रीय सिंधी भाषा संवर्धन परिषद्
एन.सी.पी.यू.एल.	राष्ट्रीय उर्दू भाषा संवर्धन परिषद्

एन.सी.आर.आई.	राष्ट्रीय ग्रामीण संस्थान परिषद्
एन.सी.टी.ई.	राष्ट्रीय शिक्षक शिक्षा परिषद्
एन.ई.एच.यू.	पूर्वोत्तर पर्वतीय विश्वविद्यालय
एन.ई.एल.डी.	पूर्वोत्तर भाषा विकास
एन.ई.पी.	पूर्वोत्तर परियोजना
एन.ई.आर.	पूर्वोत्तर क्षेत्र
एन.ई.आर.आई.एस.टी.	पूर्वोत्तर क्षेत्रीय विज्ञान एवं प्रौद्योगिकी संस्थान
एन.ई.आर.एल.सी.	पूर्वोत्तर भाषा केंद्र
एन.ई.टी.	राष्ट्रीय पात्रता परीक्षा
एन.एफ.ई.	गैर-अनौपचारिक शिक्षा
एन.एफ.एच.एस.	राष्ट्रीय परिवार स्वास्थ्य सर्वेक्षण
एन.जी.ओ.	गैर-सरकारी संगठन
एन.एच.आर.सी.	राष्ट्रीय मानवाधिकार आयोग
एन.आई.सी.	राष्ट्रीय सूचना केंद्र
एन.आई.सी.ई.ई.	भूकंप अभियांत्रिकी पर राष्ट्रीय सूचना केंद्र
एन.आई.एफ.टी.	राष्ट्रीय फैशन प्रौद्योगिकी संस्थान
एन.एल.एम.	राष्ट्रीय साक्षरता मिशन
एन.पी.ई.जी.ई.एल.	प्राथमिक स्तर पर बालिका शिक्षा कार्यक्रम
एन.टी.सी.ई.	राष्ट्रीय प्रतिभा खोज परीक्षा
ओ.बी.सी.	अन्य पिछड़ा वर्ग
ओ.डी.एल.	मुक्त तथा दूरस्थ अधिगम
पी.सी.टी.	पेटेंट सहयोग संधि
पी.ओ.ए.	कार्रवाई कार्यक्रम
पी.पी.एल.	फोनोग्राफिक्स परफॉरमेंस लिमिटेड
पी.क्यू.एल.	जीवन की वास्तविक गुणवत्ता
पी.टी.ए.	अभिभावक शिक्षक संघ
पी.डब्ल्यू.डी.	निशक्त व्यक्ति
क्यू.आई.पी.	गुणवत्ता सुधार कार्यक्रम
आर. एंड डी.	अनुसंधान एवं विकास
आर.सी.सी.पी.	रेडियो-सह-कैसेट प्लेयर
आर.ई.सी.	क्षेत्रीय इंजीनियरिंग कॉलेज
आर.एफ.	रेडियो फ्रीक्वेंसी
आर.एफ.एल.पी.	ग्रामीण क्रियात्मक साक्षरता परियोजना
आर.आई.बी.	क्षेत्रीय शिक्षा संस्थान
आर.पी.एफ.	संशोधित नीति-निरूपण

आर.आर.सी.	क्षेत्रीय संसाधन केंद्र
आर.एस.के.बी.	राजस्थान शिक्षा कर्मी बोर्ड
सार्क	दक्षिण एशियाई क्षेत्रीय सहयोग संगठन
एस.ए.आई.आई.ई.आर.	श्री अरविंद अंतरराष्ट्रीय शैक्षणिक अनुसंधान संस्थान
एस.ए.पी.	विशेष सहायता कार्यक्रम
एस.सी.	अनुसूचित जाति
एस.सी.ई.आर.टी.	राज्य शैक्षणिक अनुसंधान एवं प्रशिक्षण परिषद्
एस.सी.एच.ई.	राज्य उच्चतर शिक्षा परिषद्
एस.सी.आर.आई.पी.टी.	सोसाइटी फॉर कॉपीराइट रेगुलेशन ऑफ इंडियन प्रोड्यूसर्स ऑफ फिल्म्स एंड टेलीविजन
एस.सी.वी.ई.	राज्य व्यावसायिक शिक्षा परिषद्
एस.डी.ए.ई.	राज्य प्रौढ़ शिक्षा निदेशालय
एस.ई.सी.	राज्य शिक्षा समिति
एस.एच.	ध्वनि विकलांग
एस.आई.सी.आई.	शानी इंडो–कैनेडियन इंस्टीट्यूट
एस.आई.डी.ए.	स्वीडिश इंटरनेशनल डेवलपमेंट एजेंसी
एस.आई.ई.टी.	राज्य शैक्षणिक प्रौद्योगिकी संस्थान
एस.के.पी.	शिक्षा कर्मी परियोजना
एस.एल.ई.टी.	राज्य स्तरीय पात्रता परीक्षा
एस.एल.एम.ए.	राज्य साक्षरता मिशन प्राधिकरण
एस.एम.सी.	संचालन सह प्रबोधन समिति
एस.एम.डी.सी.	स्कूल प्रबंधन तथा विकास समिति
एस.ओ.पी.टी.	प्राथमिक शिक्षक हेतु विशेष अभिमुखीकरण कार्यक्रम
एस.पी.ए.	योजना एवं वास्तुकला विद्यालय
एस.पी.ओ.ए.	राज्य कार्रवाई कार्यक्रम
एस.आर.सी.	राज्य संसाधन केंद्र
एस.एस.ए.	सर्वशिक्षा अभियान
एस.टी.	अनुसूचित जनजाति
एस.टी.ई.आई.	माध्यमिक शिक्षक शिक्षा संस्थान
एस.यू.पी.डब्ल्यू.	समाज उपयोगी उत्पादक कार्य
टी.ए.	यात्रा भत्ता
टी.सी.	शिक्षक केंद्र
टी.ई.पी.एस.ई.	विशेष शिक्षा में शिक्षकों की तैयारी
टी.ई.क्यू.आई.पी.	तकनीकी शिक्षा गुणवत्ता सुधार कार्यक्रम
टी.एल.सी.	पूर्ण साक्षरता अभियान

टी.एल.ई.	शिक्षण अधिगम उपकरण
टी.एम.ए.	ट्यूटर मार्क्ड असाइनमेंट
टी.टी.टी.आई.	तकनीकी शिक्षक प्रशिक्षण संस्थान
यू.सी.सी.	सार्वभौमिक प्रतिलिप्याधिकार आयोग
यू.ई.ई.	प्राथमिक शिक्षा का सार्वभौमीकरण
यू.जी.सी.	विश्वविद्यालय अनुदान आयोग
यू.एन.डी.पी.	संयुक्त राष्ट्र विकास कार्यक्रम
यूनेस्को	संयुक्त राष्ट्र शैक्षणिक, वैज्ञानिक एवं सांस्कृतिक संगठन
यू.एन.एफ.पी.ए.	संयुक्त राष्ट्र जनसंख्या निधि
यूनिसेफ	संयुक्त राष्ट्र बाल निधि
यू.पी.ई.	प्राथमिक शिक्षा का सार्वभौमीकरण
यू.टी	संघ-शासित प्रदेश
वी.ई.सी.	ग्राम शिक्षा समिति
वी.एच.	दृष्टि विकलांग
वी.एल.एस.आई.	काफी बड़े पैमाने पर एकीकरण
वी.डी.एल.	वीडियो दूरस्थ अधिगम
वी.आर.सी.	व्यावसायिक पुनर्वास केंद्र
वी.ई.पी.	व्यावसायिक शिक्षा कार्यक्रम
डब्ल्यू.सी.सी.यू.एस.	विश्व स्तरीय केंद्रीय विश्वविद्यालय
डब्ल्यू.आई.पी.ओ.	विश्व बौद्धिक संपत्ति संगठन
डब्ल्यू.टी.ओ.	विश्व व्यापार संगठन
जेड.आई.ई.टी.	क्षेत्रीय शिक्षा एवं प्रशिक्षण संस्थान
जेड.एस.एस.	जिला साक्षरता समिति

साभार

इस पुस्तक के लेखन-सृजन में व्यक्तिगत के अतिरिक्त निम्नलिखित स्रोतों से बहुमूल्य संदर्भ-सूचनाएँ ली गई हैं। हम उनका हृदय से आभार प्रकट करते हैं—

1. mifindia.org
2. xn—11b4e4a1c.blogspot.com
3. humsamvet.org.in
4. www.bbc.com
5. southasia.oneworld.net
6. www.pravakta.com
7. agradoot.blogspot.com
8. www.pressnote.in
9. aajtak.intoday.in
10. www.datelineindia.com
11. www.ilpnet.com
12. www.india-server.com
13. jholtanma.blogspot.com
14. www.webduniya.com